九州文库

交易修行录

涌　泉　著

九州出版社
JIUZHOUPRESS

图书在版编目（CIP）数据

交易修行录／涌泉著．--北京：九州出版社，
2022.11

ISBN 978-7-5225-1503-8

Ⅰ.①交… Ⅱ.①涌… Ⅲ.①投资—基本知识 Ⅳ.
①F830.59

中国版本图书馆 CIP 数据核字（2022）第 226827 号

交易修行录

作　　者	涌　泉　著	
责任编辑	李创娇	
出版发行	九州出版社	
地　　址	北京市西城区阜外大街甲 35 号（100037）	
发行电话	（010）68992190/3/5/6	
网　　址	www.jiuzhoupress.com	
印　　刷	唐山才智印刷有限公司	
开　　本	710 毫米×1000 毫米　16 开	
印　　张	9.5	
字　　数	106 千字	
版　　次	2023 年 4 月第 1 版	
印　　次	2023 年 4 月第 1 次印刷	
书　　号	ISBN 978-7-5225-1503-8	
定　　价	85.00 元	

前　言

　　总有那么一群人，常年专心沉浸在股票市场或期货市场，他们以交易为生，盘开盘落时悲欢交集，成败得失于涨跌之间。交易本身的目的是财富的增长，但其过程更像是一场人生中的修行，只要身在其中，修行就没有终点。

　　美国作家杰克·D. 施瓦格在《金融怪杰》一书里，开篇就介绍了一些交易员令人称奇的经历：

　　某位交易者在其职业生涯的早期历经数次输光离场，最终将3万美元的账户做到了8000万美元。

　　某位基金经理取得了大多数人认为不可能实现的业绩：其管理的基金连续5年的收益率都达到3位数（百分数的3位，即收益率在100%～999%）。

　　一位来自美国某小镇的交易者，以微薄的资金开始交易，现已成为世界上最大的长期国债期货交易者之一。

　　某位交易者，曾经做过证券分析师，在过去7年中主要交易股指期货其平均月收益率达到25%，其年化收益率超过 1400%。

　　某位从麻省理工学院电机专业毕业的交易者，历经 16 年使其交易账户的收益率高达 250000%（即 2500 倍），简直令人瞠目结舌。

　　这些都是作者亲自采访过的交易员。同样，在国内也有许多交易者靠几万元甚至几千元微薄的本金起步，在股票或期货市场上实现了千万或亿万的收益。许多金融交易者的传奇经历让我们相信，只要找到适合自己的交易方法，在金融市场上有无数的机会可以获得财富和成功。

　　然而，在风云变幻的交易场上又总是充满了不确定性，大多数交易者的心理经常在矛盾之中纠结，昨日还信心满满，今天就开始怀疑人生。在投资交易的过程中，虽然结果无法预料，但其过程却可以控制和修正。没有章法和不了解规则的投资行为，如同在行驶中失去了刹车的汽车一样危险。在这里，"选择大于努力"这句话常常得到印证，"付出和回报成正比"的逻辑关系往往被颠覆。

　　老子曰："常无欲，以观其妙；常有欲，以观其徼。"在投资交易中，树立正确的投资理念，找到适合自己的交易系统。既要制定交易规则，又需放下执着，保持适当的变通性。寺庙里的菩萨和罗汉手中都有自己的法器，孙悟空七十二变，神通广大，遇上打不过的妖怪也只能去求观音菩萨，观音菩萨就是他心中信仰的"圣杯"。进入交易场时，也应自问一下是否具备了交易的

"圣杯"和"法器"？任何事物在发现规律之后，就可以从不确定性中寻找到确定性，从而在欲念之间进退自如。生活中我们常说"但知行好事，莫要问前程"。那么，在投资交易的世界里就是"遵守规则，莫问输赢"。

我们总是希望战胜市场，当经历过市场的洗礼后，才会悟到：首先需要战胜的是自我。与其说交易者是在和市场周旋，不如说是在与自己内心的那个"我"周旋。心学名家王阳明说："破山中贼易，破心中贼难。"市场是客观的存在，交易是主观的行为。好的交易不需要抗争，一切都是顺其自然的过程。

《尚书》中讲"非知之艰，行之惟艰"。一个真正从内心里希望获得改变的人，才会去倾听、观察和思考，并能够学为所用。面对众多繁杂的交易理论和方法，思考和学习固然重要，但唯有行动才能引发变化。失败并不可怕，可怕的是失去了重新站起来的勇气。越挫越勇的勇气诚然可贵，但不能总在同一个地方被绊倒。

在喧闹的市场中，静下心来学习是件困难的事情。一些优秀的交易者并非异于常人的天才，他们只是更注重了常人忽略的细节。耐心的等待、细心的观察，以及敏捷的行动，都是在市场上磨炼出来的真功夫。

再多的"0"相加，结果仍然是"0"，只有找到那个"1"，才可能有后面的"2"和"3",乃至无穷大。希望每个交易者都能早日找到属于自己的"唯一心法"。在每一章的后面都附有"行为修炼",改变始于日常不断地学习和实践。

目　录
CONTENTS

第一篇　时也，命也

交易的核心逻辑是什么？这个问题是许多交易者穷毕生精力要寻找的答案。交易是一种打破平衡的行为，在交易行为发生之前，你是你，我是我。交易一旦搭成，必然是一方的开始和一方的结束。结果的好坏将由时间来验证。所以，在交易的诸多要素中，搭成交易的时间和时机尤为重要。哲学家苏格拉底说："最有希望的成功者，并不是才干出众的人，而是那些最善于利用每一时机去发掘开拓的人。"

一切交易的技巧在于对时机的把握。在适当的时机获取具有相对优势性的筹码，是在交易中获利的根本。在交易市场上，谁获得了具有价值优势或价格优势的筹码，谁就增加了胜算的概率。否则，就耐心地观察，等待下一个有利的时机。学会了等待，就会发现交易是件很简单的事。

毫无疑问，价值投资是投资分析的基石。当你发现了一只很具有投资价值的股票，如果介入的时机不合适，无形中会增加了你的资金成本和时间成本。如同一个找对象的小伙子遇到了一个美女，追求的方法不对，反而可能会好事多磨。本来人家姑娘要睡觉休息，你却大半夜拿个喇叭在人家楼下喊："我爱你！"结果就被当头泼了冷水。在投资过程中，掌握了好的交易方法和技巧，可以大大降低投资者的资金成本和时间成本。

机会常常会把自己"隐藏"起来，需要去寻找、去辨别。在事物发展变化的规律中，找到有利的因素，并能很好地加以利用，从而达到自己所要的目的，最关键的是要善于捕捉时机。真正属于你的机会并不多，对别人是机会，对你可能就是陷阱。

当一个机会在向你伸手的时候，一定要毫不犹豫地抓住，因为，时机转瞬即逝。宋朝大文学家苏轼讲："来而不可失者，时也。蹈而不可失者，机也。"下一个属于你的机会，不知道何时才会出现。

为了等待时机和积累资源，必须学会忍受孤独。孤独是什么滋味？如同一个人漂流在茫茫无边的大海上，没有方向和目标，生死都是瞬间的事，思考和期盼是唯一的自我救赎。这时候假如突然发现一只船或者是一个岛屿，谁会错过这种千载难逢的救命机会呢？如果说等待时机是痛苦而漫长的煎熬和修行，那么，抓住时机往往是瞬间的判断和决定。

股市中的机会是"跌"出来的，股市里的财富是"捂"起来的。如果想"一夜暴富"，建议你去试试买彩票。股市中的财富需要

长期的积累和坚守。巴菲特一生交易无数，但他的大部分财富来自
20笔关键的交易。商品期货传奇交易员丹尼斯说，他交易盈利中的
95%，来自5%的交易。市场的交易机会是无限的，但真正能获得丰
厚收益的机会屈指可数。在投资者的投资生涯中，一定会经历很多
次的牛市周期，或许无法能够全部把握住这些可以增加财富的机会，
但只要抓住一两次牛市的机会，就会使你的财务状况大为改善。

同样的时机对于任何人都是公平的，看你怎样去对待和利用。
因为观念、知识体系、利益（利害关系）、性格等客观或主观因素的
差别，在同样的时机面前，不同的人做出的判断和采取的行为不同，
因而产生的结局也不同，从而演变出不同的人生和命运。站在历史
的潮流中回望，往往是时代的大机遇成就了个人的小机遇，所谓时
势造英雄。

市场会奖励长期坚持的人，该得到的就会让你得到，来晚的注
定已错过。只是在得到之后，你是否会心满意足地离开呢？股市的
一轮牛市是需要经过很长的时间酝酿和诸多的条件的作用下才能形
成的。所以，牛市一旦到来，一定要抓住时机。患得患失，犹豫不
决，会白白浪费掉难得的机遇。同样，在牛市结束的时候，要毫不
犹豫地撤离，无论在这波牛市里是赢利还亏损，赢利的要保住"战
果"，亏损的要避免产生更大的损失。

电视上正在播放《动物世界》，在炎热的非洲大草原上，一头狮
子顶着烈日，正懒洋洋地行走着。几天没有捕到食物让它又饿又渴。

这时，它发现远处有一棵树，太阳火辣辣地照着，它很想去树荫下休息一下，但它犹豫了片刻，继续蹒跚着往前走去。走到大树下需要耗费它的体力。为了活下去，它必须尽快赶路，寻找到食物。交易员都是孤独的，特别是在熊市里，有点行情都是昙花一现。如同孤单的狮子行走在绿油油的空旷的草原上，为了能发现并捕获猎物，不停地去寻找希望能有所收获的机会。相比在捕获到大型猎物时，大口吃肉，饱餐之后，面对剩余没有吃完的大肉，要有毫无留恋扬长而去的洒脱，现在威武的狮子王连到树荫下休息一下都是一种奢侈的渴望。

狮子发现了猎物，并不会急于冲上去盲目厮杀，而是先悄悄地尾随、跟踪、观察。它在猎物群里仔细寻找最适合的目标，并且耐心等待，选择最佳的时机发起攻击，确保进攻一击而中，提高胜算。因为狮子知道，一旦这次发起的攻击失败了，不光是会消耗巨大的体能，而且会因为惊动了猎物，需要更长时间的等待才能再次找到进攻的机会。如果交易者能像狮子捕食般地对待每一次交易，就会减少很多频繁而盲目的无效交易。一次错误的交易，付出的不光是资金成本，还有时间成本。

在时机面前，拥有的才华和能力都要让步。为什么很多交易会亏损？进出场的时机和方向没有把握好。在时机没有到来的时候，才华和能力都没有用武之地。盲目的行动甚至会招致损失和灾祸。这时候，养精蓄锐、韬光养晦是最好的选择。

在牛市的时候，火借风势，交易者常常都会有很好的收益，但如果在熊市里，很可能就会不停地被"打脸"。在大的熊市周期里，也有阶段性的反弹行情。同样，在大的牛市中也会有小的回撤调整。资金的性质和对待收益预期的态度决定了对交易机会的选择和把握。

"什么时候买，比买什么更重要。"

"选股不如选时。"

这些都是老股民的经验总结。股票市场常常有"板块效应"，在一段时期内，某一板块的股票会成为市场热点，集中受到资金的"关照"。所以做中短线交易的投资者要懂得抓热点，在热门板块启动的初期及时介入，短期内都会有不错的收益。

选择热门股看起来似乎是选股的问题，其实是在选时，选这个板块"启动的时机"。比如，你选了两只股票，一只属于电子板块，一只属于医药板块，两只股票的基本面都差不多，这时，市场上医药板块成为热点，属于医药板块的股票价格已经翻倍了，而属于电子板块的股票价格不但没涨，反而有所下跌。如果能抓住医药板块启动的时机，及时买进医药股，获利就很可观。两只基本面相似的股票，因为市场炒作的时机不同，股价表现也大相径庭。

"选股"和"选时"到底哪个更重要？这个问题也是"基本分析流派"和"技术分析流派"之间的争论。首先，这不是一个"二选一"的问题，更像是一个"吃饭和今天吃什么"的问题。饭肯定要吃，但是今天吃什么？同样可以填饱肚子的两桌饭菜，一桌是粗茶淡饭,一桌是美味佳肴,相信大多数人会选择吃美味佳肴。但从长期投资的角度看,一定是选股更重要,也符合价值投资的理念。选对股票,可以踏踏实实地睡觉,而选对时机,在第二天醒来,面对的是惊喜。

所有的投资分析,包括基本面分析、技术面分析等,最终的结果都是为了能对采取行动的时机做出明确的判断。《寒窑赋》里写道:"天不得时,日月无光;地不得时,草木不生;水不得时,风浪不平;人不得时,利运不通。"在涨的时机没有出现之前,再好的股票都在"沉睡"。通过对市场长期的观察和分析,就是为了能发现那个行情的启动点。

对时机的把握和判断,需要审时度势,看清大势的发展方向。孔融得罪了曹操,曹操大怒,下令处死孔融一家。孔融对前来逮捕他的差使说:"希望惩罚只限于我自己,能不能保全两个孩子的性命呢?"孔融的两个儿子大的才九岁,小的才八岁,没有丝毫恐惧的样子,还在玩耍。儿子听到父亲对差使说的话,从容上前对父亲说:"大人,岂见覆巢之下,复有完卵乎?"果然,随后抓捕儿子的差使也到了。成语"覆巢之下,岂有完卵"即出于此。还有一个成语叫"一人得道,鸡犬升天"。股市中,在熊市的周期里,很多优质股票也很难逃避股价的下跌,而在牛市中,有的垃圾股也会飞上天。

"先分析,后行动"是常理。但一些职业的交易员常常是先行动,再分析,发现机会,买入之后再跟踪管理,是短线交易中抓时机的秘籍，看似不合理，但常常是有效的。一分析就犹豫，一犹豫就错过最佳进场点。在交易中抓住一个具有价格优势的切入点至关重要。这种操作方法适合专业的股市操盘手，有充分的时间盯盘，而且，操作对象都是经过跟踪的目标股。普通的投资者不适合参与这种短线的"游戏"。

"善用兵者，避其锐气，击其惰归。"

"知可以战与不可以战者，胜。"

"能因敌变化而取胜者，谓之神。"

——《孙子兵法》

《孙子兵法》是我国古代讲兵法的经典之作。在资本市场的交易中，交易者如果能读懂这三句话，应该就已经悟到了交易的真谛。

在机会没有成熟的时候，我们唯一需要做的就是等待，努力通过学习提高自己的能力，"机遇总是偏爱有准备的人"。一旦机会来临，就无须缩手缩脚，放开胆子，"干就完了!"著名易学家曾仕强先生在解读《易经》的核心哲学思想时说："时也，命也!"把握住时机，就把握住了命运。人们甚至把一些机会形容为千载难逢，可见把握时机的重要性。如果有一个属于你的机会摆在面前，也许，命运就会因此而发生改变。

行为修炼：

如何选股？

通过很多媒体渠道我们经常会看到很多股评。且不说对股评家评论和推荐的股票是否值得关注，首先要学习股票评论员或投资分析师对股票的分析思路和方法。挑选股票一定是有方法的，通过学习专业的分析方法，你就可以按照系统的思路和方法在市场上去研究和选择自己关注的股票。应该遵循先选行业再选个股的思路，结合市场导向，对行业或板块的景气度做出分析和判断，然后从中精选个股。做长线的投资者多了解公司的基本面上，做短线的投资者侧重于技术面的分析。可以先从几个核心的指标入手，比如加权净资产收益率、利润增长率、产品毛利率、价格均线、成交量、换手率等，从历史数据的比较中寻找答案。

第二篇　没有风险的地方平淡无奇

"无限风光在险峰"，没有风险的地方平淡无奇。大多数人喜欢平淡无奇的生活，"安稳"是我们对生活的期望。但是，每个人都有遇到被突如其来的变故打乱了原有"安稳"的生活的时候，如何处理危机和应对风险，最能考量一个人的综合素质和能力。

一个人对责任的衡量是决定是否要去冒险的重要原因。有人说："富人可以不用去冒险，但穷人必须去冒险。"富人不愿意去冒险，是因为他们害怕失去现有的财富；穷人必须去冒险，是因为他们想摆脱贫困。富人去冒险的大多数原因是以往的成功经验给了他们足够的自信心。

资本市场是泡沫的聚集地。有时候泡沫被风四处吹散，有时候泡沫聚集在一起，在阳光的照射下，五颜六色，随着泡沫的增加越来越显得光彩夺目。这时候是狂欢的盛宴，人人对未来充满信心，大家宁愿生活在谎言里，全然忽视了泡沫破碎的风险。在利益的驱使下，人们义无反顾地冲进去，被市场牵着鼻子走。捅破泡沫唯一的"武器"就是事物本身真正具有的价值。当价格的"表演"结束后，人们在疯狂鼓掌的时候，也是曲终人散之时。

对投资风险的认识和态度可以说仁者见仁，智者见智。安浩德说："人们普遍认为，风险在经济衰退以及经济由盛转衰时增大。与此相反，认为风险在经济上升时增加，并且随着经济失衡的扩大在衰退期化为现实的相反，可能更为有益。"经济学家斯科尔斯说："我相信，因为现在的体系过于稳定，所以我们要用更多的杠杆和风险承担来降低它的稳定性。"虽然大部分人厌恶风险，但有的人偏好风险，因为他们认为机会存在于风险中。在风险偏好者眼里，风险是暴利的另一种称谓。

小手川隆被称为日本新生代股神，1978 年出生，他在日本交易圈可以说无人不知，因为擅长日内交易，所以被称为"日内交易之神"。在大三时他还是个普普通通的学生，毕业时已经有了过亿资产。经过短短 8 时间年，他从 160 万日元（10.4 万人民币）做到 218 亿日元（14.2 亿人民币），目前个人资产更是高达 2000 亿日元（130.6 亿人民币）。在一次接受媒体采访的时候，有记者问日本年轻的股神小手川隆是怎么做到的，他的回答是："如果只关心钱，你不可能在交易上成功。"这就是成功者的心态，而大多数交易者"只关心钱"。他在谈到自己的交易方法时说："现在外汇市场很敏感（波动大），所以我会更关注外汇一些。之前中国股市很敏感（波动大），我就会看中国股市。在观察完这些以后，就是价格波动了。在考虑过综合情况后，觉得该买就会买，这就是我的交易方式。"价格波动大意味着风险加大，而小手川隆喜欢在波动大的市场里寻找机会。在交易中，任何方法和理论都可以学习和模仿，交易方法需要和交易者的性格和心态高度契合。

最大的风险其实来自我们自己。因为判断失误而执行了错误的操作，或者是轻易地相信了别人的建议，也可能由于没有严格执行自己制定的交易计划和策略等，这些都会对你的账户造成亏损。发生了亏损，首先要马上对风险进行客观的评估：

"最坏的结果是什么？"

"怎么样处理会把损失降到最低？"

"还有其他优选方案吗？"

这些问题可以让你迅速冷静下来，进入理智的思考程序。对风险的处理能力是最不确定的风险。当风险已经来临，没必要急着去抱怨、指责和追究责任，那是之后的事。即刻行动起来，最大限度地避开或挽回风险对我们造成的伤害。

想在资本市场上有所收获，就必须承担一定的风险。置身于市场之中就伴随着风险，无法回避。面对风险，只要应对得当，是可以把风险控制在一定范围内的。所以，在制定交易策略的时候，一定要清楚自己可承受的程度，当触及你能承受的底线时果断离开，也就是常说的止损。

有位交易员分享了对他印象很深刻的一次交易过程。通过综合分析，他买入了某医药企业的股票。买入后，不管大盘指数涨跌，它一直在 6~8 元之间震荡，这样持续了近两个月。因为当时他在忙其他的一个项目，没有时间去看盘，但心里一直不踏实，大盘的表现不太好，当时在手机上还无法看股市行情。一直在外地出差，抽空到网吧去看了一下股市行情。大盘的表现还是很疲弱，这只股票又到了震荡区域的底部附近，这时账户里浮亏 2000 元左右。他的判断是一直没能向上突破，如果向下突破的话回调的周期就比较长，因为上方盘整区域的成交量将会形成压力盘。短期内确实没时间和精力盯盘，所以果断地止损卖出。又过了两天，发现它因大盘的下跌竟然放量跌到了震荡区域下方，这时候他真的庆幸自己"跑得快"，也就不再关注它了。很多电视台的财经节目屏幕下方都有股价的即时滚动数据。有一天，在酒店房间里看电视的时候，他突然发现那只医药股的价格在 14 元，以为看错啦，但确实是，它的股价翻倍啦！关掉电视，半天沉默无语。这种被"愚弄"的感觉记忆深刻，可能做交易的人都经历过。主力资金利用大盘的下跌挖了个坑，洗盘骗筹成功。自从那两天巨量下跌后，它的股价一路上涨，后面达到了 27 元。市场就是这样，充满了假象和谎言，你需要自己去识别，没有人能替你承受。

网上看到一条新闻，一名初中学生只是因为考试成绩不好，就选择了跳楼自杀。这令人唏嘘的同时也需要反思，现在的家长普遍溺爱孩子，不想让孩子遭受一点困难，并对孩子未来的发展令人担忧。不要用家长眼中的标准，去过度地干预孩子的发展。应该培养他们直面挫折和风险的勇气，给孩子足够的独立发展空间，磨砺心智。我们拥有了太多的安全感，大多数人都把安全视为无上的原则，把冒险看成是疯子或傻子的行为。其实生活中的风险无处不在，如开车、游泳、爬山等，只不过，我们习惯把日常遇到的风险称为"意外事故"，而给涉及钱财投资的安全风险戴上了一顶专业的帽子，称为"投资风险"。

我们常说："留得青山在，不愁没柴烧"。保护你的本金，如同爱护你的生命一样。"活着，一切皆有可能！"，而失去了本金的赌徒只能被淘汰出局。暴风雨过去了，太阳终究会出来。但一个公司破产了，或从资本市场退市了，那么投资者就遭受了无法挽回的损失。所以，一定要避开可能发生永久性亏损的风险。"如果不小心踏上了一艘破船，最好是在它还没有沉没的时候赶紧想办法逃离。"

有的投资者因为资金量大，需要通过分散投资来降低风险，所谓不要把鸡蛋放在一个篮子里。组合投资能有效防止个股的风险，但对系统性风险依然无法回避，回避系统性风险的最好的办法依然是现金资产和证券资产的配置比例的调整。也就是说不把鸡蛋都放在篮子里，为什么非要把鸡蛋放在篮子里呢？预感到不安全的因素后，完全可以把"鸡蛋"放在保险柜里。在专业的风险管理中，要求必须为"特殊情况"预留足量的风险资本。不管个人或专业团队都应把这一条当作制度来强制执行。

谈到风险，不可避免地要涉及资金杠杆的使用。杠杆的使用在大火燃烧的时候是"助燃剂"，在向下坠落的过程中是"润滑剂"。著名物理学家伽利略说："给我一个支点，我可以撬动地球。"伽利略应该是玩杠杆的祖师爷吧！

资金杠杆作为一种金融工具和手段，本身具有的特性就是推波助澜，也是资本市场上的"核武器"，在没有十足把握的条件下，不要轻易使用。当市场上所有的杠杆资金都感受到威胁时，很容易形成资金出逃的"堰塞湖"，使得大家都无法撤离，最后同归于尽。当你决定去冒险，就要做好失败的准备，必须制定相应的退出方案。在资本市场上，"破釜沉舟"和"置之死地而后生"都是极端的赌博行为。做好风险控制是对自己负责，不能因为追求利益反而置自身于危难之中。

风险可以控制，但不会被消除，因为即使你消除了眼下的风险，又将面临新的风险。当交易者完成了一次买进卖出的交易过程，随着面对风险或收益的结束，会选择下一个交易机会，又将重新面对新的不确定的风险。既然无法回避，就想办法去勇敢面对，把风险转移和分散是让我们降低风险威胁的有效途径。当一个传染性病毒正在流行传播时，把已经受到传染的人和还没有被传染的人进行隔离，就可以有效地预防，但传染性病毒无法被彻底消除，我们只是采取措施控制了它的传播途径和范围，把这个病毒带给我们的风险转移到是否能采取有效隔离的行为上。控制我们的行为也就有效地控制了风险。市场上的风险和机会并存，盈亏同源。选择和控制交易的机会和次数，是回避和控制风险的唯一方法。

人类是智慧的群体，面对各种各样的风险，会想方设法找到应对的措施。纵观人类历史，经历了无数的天灾人祸，但人类社会始终在发展中前进。

行为修炼：

持有的股票出现亏损应该怎么应对？

买入股票后经常会出现亏损。这时候，首先要调整心态。对已经发生的事物上表现的情绪和态度，都应该是为事物下一步能向好的方向发展做铺垫，而不是让事情越来越糟糕。所以日常生活中尽量控制自己的情绪，不管遇到什么事，先让自己冷静下来。然后对股价走势图形和成交量进行分析，看是否脱离了周期趋势的轨道。如果脱离了股价趋势轨道，往往需要很长时间的调整，短线交易者可果断止损。主力资金在建仓和拉升时，往往需要较长的过程，但"出货"时却会抓住机会在短时间内完成。如果从基本面长期看好对公司未来发展的投资前景，可以逢低在适当的价位补仓，以摊低整体持仓成本。设置客观合理的和适合自己风险匹配的止损位，并能坚决执行，是交易中的必要保障。

第三篇　活在真相背后

一个简单而有趣的事实，在夏天的夜晚，当你在外面乘凉的时候，你打死的那个蚊子往往不是咬过你的，因为咬过你的那只蚊子已经吃饱飞走啦。

人生是不断经历接近真相的过程。真相常会被利益蒙蔽了双眼，甚至宁愿接受阳光下的谎言，也不愿在黑暗中面对真相。真相往往就在身后，一转身就可以看到。我们却懒得转一下身。天真的少年时代，总喜欢对所发生的一切问"为什么会这样？"，随着年龄的增长，总是在所发生的一切后面加上一句"本来就是这样的！"。

痛苦和快乐的根源来自不断产生的妄念。为了实现人生观和价值观的追求而产生的妄念叫理想。因为一个妄念，人们会感到莫名其妙的兴奋，受意识的支配，从而产生一系列相应的行为。特别是有些执着的妄念，能让人忍受常人不能忍受的痛苦和煎熬。这会让你尝试去做别人不敢做或不能做的事。当然，有时候也会享受到别人无法感受到的欢乐和刺激。

人都是理性和非理性的矛盾体。控制非理性的能力，是一个人优秀的品质。极端的非理性行为是被强烈的妄念所控制和支配的结果。生活中一些极端非理性行为可能会产生无法预料的后果。但奇怪的是，有时候，大多数人认为是非理性的行为，在投资领域里却获得了杰出的成就。投资的目的是获得未来的回报，而随着事物和认知的发展变化，理性和非理性的概念也会发生转移。诸如在大灾之年，为了活命拿一个金元宝换一个土豆的故事举不胜举。"世上的事物唯一不变的就是变化"，哲学家的话似乎怎么理解都是对的。

理性不是傻傻地等待和冷眼旁观，只有参与其中才能切身感受到市场的"温度"。冷静客观地观察，专注事物当下的发展进程，了解周围环境的各种关系目前是处于如何的状态，然后制定一个原则性的执行标准，对行为做出相应的约束，这样就不会受情绪和环境的影响而随意去采取行动。认清事物真相的同时，我们要掌握足够的适合于自身的技能，以应对生存环境的各种考验。

面对市场，每个人都有自己的看法和观点。每个人都想证明自己的观点是正确的，更严重的是常常会对和自己观点不一致的人产出厌恶心理。有时甚至仅仅是为了所谓"面子"，明知道自己的观点发生了错误而别人提出的观点是对的，反而固执己见地坚持维护自己的观点。我们常常失去理性，因为利益驱使，因为追求舒适感，避免麻烦是人性的弱点。

一句笑话加脑筋急转弯："黄瓜明明是绿色的，却为什么叫黄瓜?"我们往往被现象和固有的思维迷惑。"习以为常"后就变成了"理所当然"。上学的时候，我看到前排的男生一直借女生的橡皮用。有一天，当他还是理直气壮地说："用一下橡皮。"女生却说;"不行!"他突然愣住啦，随后听到的就是他对女同学的谩骂。当我们养成了习惯，就不会再去思考事物背后真正的逻辑关系和合理性。直到有一天，发生了某件特别的事情，因为别人的提醒或自己突然觉得需要改变了，才会去重新思考和审视现状，从而开始构建新的秩序。

直接把你的观点说出来，至于理由和自圆其说的解释都是浪费时间。有的真相明明就摆在桌面上，有的人只是为了各自的利益而刻意去忽略或隐瞒它的存在。2007 年，当上证指数只用了一年的时间从 2000 点冲上 6000 点的时候，大家其实心里都明白，按当时的估值市场已经接近疯狂，泡沫已经聚集起来。但人人都想"趁火打劫"，都想再"捞"最后一把。当时很多股评家还在财经媒体上说是可以"上一万点的行情"，估计连他自己都不会相信吧!

一只股票正在上涨，当你发现它符合你的交易系统的时候，就先果断地先找个合适的价位试探性地买进，至于它为什么会上涨，买进之后再好好做分析。如果你非要纠结于它为什么会涨，非要给它的上涨找个完美解释的理由，然后再去行动，那么你就会被这个理由所困惑。人一旦被某个"充足的理由"所困，就会产生一种执念。这种执念会影响到你的灵活性和机动性。

　　同样，一只正在下跌的股票，它的价格已经偏离出了你设定的系统，那么不要犹豫，先抛掉。如果你一定要找到它下跌的原因，这个原因也会让你产生很多妄想，从而影响你的行动。抱着"也许这种情况马上就会改善"的幻想是很多投资者被套牢的原因。假如它的表现又适合进入到你的交易系统里，那么就重新接纳它。在《三国演义》中，张绣的背叛让曹操损失惨重，甚至让曹操搭进去一个儿子的性命，后来张绣又要来投降曹操，曹操不计前嫌地接纳了他。此后，张绣对曹操忠心耿耿，累立战功。重新接纳是需要勇气和肚量的，很多人因为拒绝重新接纳而错过了抛售过早的大牛股。

　　盲目的个人崇拜和轻信也会造成莫名其妙的损失。很多行业的佼佼者往往都是"一战成名"，成功的光环掩盖了背后无数次的失败。经常在网络上能看到，因为"某专家"或"某大佬"对市场行情发表看法或预测，如果错了，就会遭到网友们的吐槽甚至谩骂。其实，"专家"和"大佬"对行情的看法和我们普通人没什么区别，只不过因为头顶着"一战成名的光环"，使他具有了在大众媒体面前发声的资格。

　　有些话需要"反着听"，同样是两家面临退市的 ST 股票，因为有客户持有，投资者都寄希望于公司能重组成功。于是就给上市公司打电话了解情况。A 公司接电话工作人员说："公司目前经营困难，具体重组方案还没有进展，正在积极寻找重组方。"B 公司的工作人员说："为了广大投资者的利益，公司正积极地和重组方进行沟通，重组方已经派人入住公司调研，并已经签署了一部分合作协议。"结果是，A 公司重组成功，B 公司最后宣布退市。我们耳朵听到的常常不是事情的真相。

投机性的交易，往往"押注"于对真相的预判，如上市公司业绩的突然增长、资产重组以及国家出台了对行业有影响的政策等。真相一旦揭晓，如同掷骰子赌大小的游戏，在揭开盖子的那一刻，有人欣喜若狂，有人黯然神伤，有人懊悔不已，悲喜交织的剧情在利益面前上演。不管是利空还是利好，消息一公布就会引起市场的动荡。对于利好的消息，提前买入的短线投机者中一部分会选择获利了结，场外的部分资金会"闻风杀入"。对于利空的消息，一些场内交易者选择逃离，而场外的一些资金会因股价下跌进场捡便宜货。而真正获得无风险收益的人，是那些早已掌握真相的群体，一切都在他们的掌控之中。如同社会的缩影，资本市场上没有绝对的公平。

当你在大街上看到"某某心境馆"的招牌时，是否会和理发店联系在一起？当我们在网上看到火爆大卖的"孟婆汤"时，是否会和一家奶茶店联系在一起？背后真相其实很简单、也很普通，但换个名称或换种措辞就会变得很神秘。

大多数人本来就是去买一瓶辣椒，却因为买了"老干妈"就觉得钱花得值。本来就是给孩子买瓶饮料，却觉得买了"娃哈哈"就认为孩子喝了以后就会"哈哈"。营销的力量就在于明明知道事物的真相，却让人去关注事物本身以外的附加价值。

　　资本市场上的"题材"说白了就是给投资者讲一个未来虚幻的故事，这个"未来的故事"的现实逻辑性很强，从而激发起投资者强烈的买入冲动。当某个上市公司和这个故事"绑架"在一起就是所谓的"题材股"。"题材"是实实在在的存在，但在现实中具体到某个公司的未来则是有很大的不确定性。

　　对普通交易者来说，价格和成交量是最直观的信息。眼前的价格是被高估还是被低估了？成交量放大是因为资金在进场还是在离场？不同的人对信息的解读也不同，真相有时候也是假象。只有产生分歧，市场才会存在，否则，市场就会崩塌。

　　要了解真相，就必须调查研究，获取第一手的相关资料信息。"没有调查就没有发言权"。我们常常对某一件事或某一个人抱着固有的看法。这种预设性的看法会影响你对相关信息的判断。事物或人都是不断在变化的。杀人成性的惯匪，突然有一天放下屠刀立地成佛了，而看上去彬彬有礼的文弱书生，却突然成了杀人犯。万物都在发展变化，唯一的不变的真理就是变化。"恒河里看不到同一滴水流过"，昔日的垃圾股摇身变成了受人追捧的绩优股，以前高高在上、头顶光环的明星股，现在沦落为退市的命运。一切事物都要用发展的眼光看待。

　　如果在一件事物上投入过多或者是寄予了过高的期望，当发现对自己不利的真相时是痛苦的，所以，有的人宁愿选择自欺欺人地视而不见。害怕承受痛苦是人的本能，但既然是真相，迟早都要面对，迟到的痛苦更令人痛苦。除非在你耐心等待的过程中，事物的发展发生了对你有利于的变化。如果你一直抱着一只垃圾股不放，天天幻想它会"咸鱼翻身"，它有可能会让你失去所有的投入。

行为修炼：

关注资金流的方向

行情要靠资金的推动，了解资金流的方向非常重要。有经验的投资者会从日常盯盘中观察到资金的流向。股价上涨时成交量放大，回调缩量，是典型的上升趋势。相反，则为下降趋势。如果下跌的时候成交量很大，但接下来股价并不再继续下跌，反而上涨，则可能有资金在逢低吸纳。每个成交量放大的交易日都需要引起关注，分析主力资金是集中流入还是流出对研判后市有很大的帮助。成交量是市场真金白银博弈的结果，在各种技术指标中需优先考量。股票的成交量和换手率密不可分，通过对换手率的统计可以很直观地判断股票的活跃性和资金的参与度。

第四篇　知足不辱，知止不殆

快速变化的市场，需要做好充分的应对准备，以正确的心态来面对。心态决定行为，行为产生结果。事情圆满到百分之九十九的时候，大多数人都想再努把力，把事情做得百分之百的完美。但往往因为这百分之一，让之前的百分之九十九的努力功亏一篑。人的欲望是无止境的，不懂得适可而止，则反受其辱。

"甚爱必大费，多藏必厚亡。知足不辱，知止不殆，可以长久。"对自己喜欢的事和人必定会消耗大量的精力和财力，拥有太多的东西，将来必然失去的就多。在资本市场上，时刻面临的是巨大财富的诱惑。"君子爱财取之有道"，保持一颗平常心十分重要。世上的钱财永远赚不完，但你辛苦得来的财富却很可能在瞬间被吞噬。

一个真正脚踏实地的交易者，深知身处市场的甘苦，也深知由于放松和懈怠，随时可能会陷入亏损的泥潭。始终以坚强的心志来克服和抵御市场中多方面的诱惑与压力，坚持自己的交易理念和交易系统。自律是一个人强大的优秀品质，也是交易成功的保障。

看似正确的决策却发生了亏损，看似错误的决策反而获得了盈利。这时候，会对投资者的心态造成影响，甚至对自身的交易系统产生了怀疑。市场价格有时会在一个区间内不规则地运行，优秀的交易员在这种情况下可以快速调整心态，放大到一个更大级别的周期（可承受的范围）和价格区间来重新审视市场。通过衡量价格变动的幅度和资金的时间成本，采取最佳的处理方法。

一位股票交易员讲述了他的一段交易经历。他的一个朋友，因为赶上了煤炭价格大幅上涨的机遇，摇身变成了身价几千万的"煤老板"。朋友以前从来没碰过股票，开了个300万的股票账户让他来管理。毕竟是朋友的钱，为了安全起见，他考虑再三，购买了一只国有大型建筑工程企业的股票，这个股票发行价4.50元，现在跌破了发行价，股价已经在3元左右徘徊，他认为3块钱应该是底部啦，毕竟价值"摆在桌面上"，于是满仓买进。谁知道，煎熬才刚刚开始，一年里股价最低跌到了1.5元附近，账户损失近半。他心里每天都充满了对朋友的亏欠感。反倒是朋友经常在电话里安慰他，告诉他不要放在心上。他颇为感慨地说："每当这个时候，心中升起的暖流会让你重拾信心！"两年后市场转好，在4.5元附近全部抛掉，毕竟等待了漫长的近三年的时间，他也急于给朋友一个交代。后来，在市场疯狂地冲上了6000多点的时候，它的股价最高达到了12元多。这也让这位交易者心中五味杂陈。他总结了这次操作的经历："之所以在严重亏损的情况下没有选择逃离，因为对这家国有大型企业本身具有的价值怀有信心，所以才坚持了下来。最重要的还是来自朋友的支持、理解和鼓励！"

在投资活动中，成功者的方法和策略很容易学习，一本书，一次讲座，一次互动交流就可以学到。但成功者的心态无法"克隆"。要真正地掌握，必须在实践中去反复磨炼。别人不了解成功交易者背后经历过什么，甚至把成功者以前落魄的经历当作茶余饭后的笑谈，或拿来当作自己一事无成的挡箭牌。

"我绝望透顶，那时我走出屋子，来到楼梯旁，跪倒在地，大声喊道：上帝啊，我并不介意输多少钱，只是请你保佑我，不要让我的账户出现倒欠，不要让我债台高筑。"谁能想到，这是一位世界顶级交易员初涉交易时发出的呐喊。在人生和事业的路上，谁都经历过哭都哭不出来的困境，跨过去就会浴火重生。

在寒冷的冬夜，当你钻进被窝里还觉得冷得瑟瑟发抖的时候，光着身子到阳台上去站五分钟，然后再回到被窝里，你就会觉得太温暖啦！

在喧闹的市场里要保持一份淡定，要知道自己什么时候应该行动，什么时候应该保持安静。你必须明白自己的目标是什么。被杂乱的市场牵着鼻子走，如同寓言故事里的狗熊掰玉米，看到好的就想去掰下来，把前面的丢掉，到最后白费力气。可能都有过这样的经历：看见热门股就追进去，一调整几天就受不了，又看见其他的股票涨得好，于是急急忙忙换过去。你一买进去，它马上就调整，刚抛掉的股票却涨了起来。做任何事情，保持专注和冷静都是负责任的态度。如果被急于赚钱的欲望所控制，你的行为可能就会违背你的原则。

《老子》："归根曰静，静曰复命，复命曰常，知常曰明，不知常，妄作凶。"回归本根叫作宁静，宁静就是返回本性，返回本性是事物法则的永恒法则，如果不明白这个道理，轻举妄动就会导致灾祸。

大道至简，道学家老子讲"无为而治"，并不是说什么都不做就能成功。所谓"道"，虚实结合，玄妙无比。"道可道，非常道。"知道"道"的存在，却又说不出"道"的形，因为"道"融在你的内心和感官世界里。冷静地观察，认清事物发展变化的规律，去顺应这个发展变化的规律，则可"不为而成"。这可能就是"无为而治"的道理吧。

每天都进行交易的交易员未必是一个好的交易员。优秀的交易员懂得什么时候需要休息，什么时候需要安静地等待。狮子在捕捉猎物前会长时间地潜伏观察，暗暗地跟踪，瞅准时机才会如闪电般地向目标发起攻击。当看到狮子在捕获食物前所做的准备工作，就会发觉我们有时候买入一只股票是多么的随意。市场上出现的机会并不一定都适合你，要善于等待和捕获适合自己的机会。

有一位交易者，从股票市场转入了期货市场，面对期货市场

T+0的交易规则（股票市场是 T+1 交易规则），如同从笼子里飞出的小鸟，只要开盘就不停地交易，常常一天的手续费就几千元，甚至几万元。交易越多亏损越多。有一天，他开了一个空单，正好来了一个重要的电话，他走出办公室去接电话，因为事情比较麻烦，在电话里讲了半个多小时。等打完电话后才想起来自己开的单子，回去一看，竟然是他获利最大的一笔交易。他说："如果是守在电脑前，可能早早就已经获利了结了吧。"从那以后，他认识到了过度交易的危害。如果你心中没有计划，就不要盲目地进行交易。交易不是一种体力活动，它应该是发生在关键点位（价位）的行为，其他的时间就是等待和思考。

如果目标设定得太高远，必然会和现实发生冲突。这种差距会给你带来挫折感，让你产生压抑、沮丧、忧郁甚至愤怒等不良的情绪。对所做的事没有任何帮助，只会起到反作用。所以，在设定目标的时候，要客观、现实。在资本市场里，我们常常希望一夜暴富，只要买进股票就希望能翻倍。靠投资成为世界首富的巴菲特，每年的平均收益率也就在 20%，这是一个世界顶级投资家的平均年收益率。

不可否认，暴富的机会确实存在，但那是非正常的收益，属于意外之财，具有偶然性和不可复制性。我们只能根据现实中合理的平均收益率来制定目标，不要人为制造过大的压力，否则，你就会失去很多生活的乐趣。我们希望在股市里赚钱，是为了更幸福地生活，而不是因为涉足了股市，使得整个人经常担惊受怕，愁眉不展，唉声叹气。那样，还是尽快远离这个市场为好，这里不适合你。

曹操因为轻敌而大败于赤壁，从此战略上由进攻转为了防守。关羽因为大意而丢失荆州，也丢掉了性命。诸葛孔明因国力不足，六出祁山而未能挺近中原，最后劳卒于五丈原。曹操、关羽和诸葛亮皆为当时之人中豪杰，打过无数胜仗，建立了勋功伟业。人生或事业在达到一定的高度时，如果还想继续向上一个台阶，就需要新的积累，需要天时、地利、人和。在新的条件不具备的情况下盲动，就会造成损失。股市在 6000 点的时候，仍然有人看到 8000 点，甚至"遥指"一万点。不知道适可而止，可能连现在得到的也会失去。

制定目标，要根据实际情况作为依据，脱离实际的目标是美好的理想。人生不能没有理想，但需要完成一个一个的小目标，逐渐地达到大目的，最终实现自己的理想。有人说："在熊市里我们可以把目标设定为只要不亏钱就可以，如果能有收益则更好。在牛市的时候。目的定得大一点，如果遇上大牛市，收益翻 10 倍都有可能。"这样的想法听上去有一定的道理，问题是，我们不知道熊市什么时候结束，牛市什么时候开始。所以，在资本市场，有目标没错，但不能抱有不达目标誓不罢休的心态，只有踏踏实实地跟随市场的脚步，根据自己的交易系统去交易，或许有一天，你突然惊喜地发现自己超目标了。

行为修炼：

交易不顺的时候保持空仓

很多交易者每天都是处于满仓状态，卖掉了一只股票后就又迫不及待地买入另外一只股票。市场处于周期循环是常态，即便是在牛市中也有回调的时候。踏准市场的节奏可以使收益实现最大化。当交易者没能踏准市场的节奏时，很可能会遭受"夹板气"，甚至在一轮牛市中都不会赚到钱。如果感觉交易不顺，适当地保持空仓，先把自己置身于市场之外，冷静观察，等待最佳入场机会的出现。

第五篇 看清自己的样子需要一面镜子

没有人比你更了解自己，关键在于你想怎么样或不想怎么样！人们常常选择性地注重表现自己的优点，而下意识地忽视自身的缺点。这是人性使然，通过有针对性的训练和超强的自律精神才能克服。但首先要认识到自己的缺点，很多人甚至把缺点自认为是优点。

进入市场前，首先要明白：你是计划做一个"投资者"还是"交易者"？"投资者"进入市场是为了选择有发展潜力的优秀公司长期持有，直到发现公司的发展进入衰退期时才会选择退出，不会在乎公司股价短期的涨跌，一旦决定买入，就会持有数年或数十年。投资家吉姆·罗杰斯说："我通常持有头寸的时间长达数年。我可能是世界上最糟糕的交易者之一。在完全正确的时间进场交易，我永远做不到，在交易中我无法精确择时。"

"交易者"是时刻关注股市走向和市场涨跌的人。一个每天盯着电脑屏幕查看股价挑动的人，和一个去倾听经济专家分析经济形势和社会发展前景的人，也许他们在牌桌上是很好的牌友，但在投资方面可能没有什么共同语言。

你是一个喜欢追随的人，还是喜欢自己独立做出决策的人？追随者因为跟对人或跟对了投资方向而获得利益。独断者因自己的判断正确而获利。同样，失败的时候，独断者必须独自去承担责任和后果，而追随者至少在心理上可以有推卸责任的借口和自我安慰。

每个人都有选择职业的自由，但由于种种原因，有时我们不得不从事自己不喜欢的职业，毫无疑问，在这个你不喜欢的职业生涯中，除了混日子以外你将不会有很大的发展。爱好和热情是激发一个人创造力的原始动力。只有在喜欢的事情上，才最能发挥一个人的主观能动性，才会最大限度地挖掘出潜在的能力。人的性格中的某些东西是很难改变的，天生的基因、成长环境等都是形成现有性格的原因。

在一个交流交易心得的茶会上，交易员老K给大家讲述了对他来说具有开悟意义的经历。在一个周末，老K参加了一个金融类网站举办的交易员禅修活动，要在寺庙里待两天。进了禅修班大家无论男女都以"师兄"相称，两天时间，除了"师兄"之间相互交流，还有寺庙安排"师父"进行讲法开示活动。在寺庙里，那份内心的宁静和踏实感是在其他地方体会不到的。老K在院子里散步，正好碰到领队要去找方丈谈事情，让他一起去和方丈坐一坐。方丈看上去精瘦干练，满面和气，一见面就给人一种亲近感。谈完事后方丈招呼他们喝茶，领队因为经常来，和方丈也很熟悉。"这位施主，看上去神情忧郁，眼神涣散，是不是有什么心事？"方丈突然笑着对老 K 说。老 K 心头一愣，没想到方丈师父观察得这么仔细。因为那段时间交易很不顺，亏损严重，所以才报名参加禅修班散散心。方丈师父听了他的讲述后说："我虽然不懂你们交易上的事，但一个人做一件事首先要有自信！没有自信什么事都做不好。你觉得自己行，就一定能行；如果自己都怀疑自己，别人怎么能帮到你呢？"这一段时间，老 K 确实感到心灰意冷，对什么都提不起兴趣。师父短短的几句话让他茅塞顿开。起身合掌告辞的时候，师父微笑着对他叮咛道："不要怕，不要悔！"这简单的六个字可能是老 K 参加这次禅修活动最大的收获，也许足以用一生去品味。从那以后，每当交易不顺，心里烦躁不安的时候，他总能想起师父说的话，心里马上就会沉静下来。在交易时，如果缺乏自信，没有计划，就如同是撞大运，和赌博没什么区别。

人的贪欲是会膨胀的，欲望多则想法就会多，瞻前顾后往往就会顾此失彼。一个人的精力是有限的，过分地分散精力，就不能专注地去做好一件事情。研究事物要抓住它的本质核心，每个事物都有自身的标签，有唯一性和排他性。把本质的东西看透了就可以做到心中有数，对别人来说觉得无从下手的事，你很轻松地就能解决。

一个朋友在期货大赛中获得了第二名的好成绩，到他的工作室喝茶聊天，他的办公桌上有六个电脑显示屏，书架上摆满了关于投资方面的书，随便打开一本都是有做过批注的。他的业余时间要么在电脑前研究图形走势，要么就是看书学习。别人获得令人瞩目的成就背后，都是日积月累的专心研究和辛苦付出。

　　从前有个人，和很多商人一起到海中采宝。他对众人说："入海驾船之法，我全都知道。如果遇到大海中有旋涡、回流和礁石的地方，应该怎样驾、怎样撑、怎样停。"众人听了他的话，都深信不疑。船驶入海中之后，没过多久，船师得了急病，忽然死掉了。这时人们就让他代替船师来驾船。来到了有旋涡的急流之中，他就大声喊着："应当这样掌舵，这样驾驶。"然而船在涡里回旋打转，根本无法前进。结果全船的人都落水而死。从书本上学到的和从别人那里听来的，如果不深解其意，没有实践经验，就认为自己什么都懂了，这样的人无知浅薄是小，害人害己是大。读书是简单的事，变通最难。检验自己所学的知识和方法是否真正掌握的唯一标准就是实践，只有通过实践"这面镜子"才能看到自己的不足之处，才能领会知识和方法的真正要义。

　　一个人应该拥有自信，但自信要建立在力所能及的基础上，脱离实际的自信往往会自取其辱。经常在新闻中看到很多"首富"突然之间陷入了困境，在普通人眼中，他们拥有几代子孙都用不完的财富，完全可以不需要再去做什么。成功者被赞美和阿谀奉承包围，长时间处于这种氛围中，就会在心理上形成一种错觉，自认为世上没有自己做不到的事。人的财富和事业有时候很像多米诺骨牌，一块一块摆起来很费时间和精力，但在推倒的时候，只需用手指轻轻一点。魏晋时有位大名士叫殷浩，他就曾经说过，自己原来努力奋斗，总觉得是在"与世周旋"，后来才发现，其实人生要解决的根本问题，不是"我与世周旋"，而是"我与我周旋"。

有麦当劳的地方，一回头基本上都能发现肯德基，他们之间既是竞争对手，又是互相"照见自己的镜子"。眼中没有竞争对手的个人或企业，很容易迷失方向。麦当劳和肯德基并没有因为竞争而倒闭，反而分店越开越多。某种意义上讲，他们是互相成就了自己，应该彼此感谢，也一定会相互尊重。勤奋源于追求，动力来自压力。

每个行业都有一个标杆式的龙头企业，也是同行业学习和关注的对象，一举一动都会对市场产生很大的影响。股市里也有"龙头股"，龙头股一旦出现，如同一面镜子，股价走势争相参照模仿，相呼相应，一轮行情就此爆发。记得世纪之初网络概念股的行情，就是因为一只上海本地股的疯狂上涨，在短时间内股价涨了五六倍，成了市场上网络科技概念的"龙头股"，从而引发了一波火爆的网络科技概念股行情。当时，股票基本上是"沾网必涨"，只要市场上说某某股票和网络沾边，股价就会应声而起。事后看，这只"龙头股"和网络科技概念之间"没有半毛钱关系"，不得不感叹市场炒作的神奇力量！

从价值投资的角度讲，良好的业绩应该是股价最有力的保障，但市场并不是一个讲理的地方，市场更热衷于讲故事。时刻关注龙头股的表现，了解当前市场的热点概念，是投资者的必做功课。一个热点概念一旦形成，就会反复炒作一段时间，寻找题材相同的概念股就是捡钱的过程。对题材概念的了解，似乎就是对一个时代的认知和对社会发展的了解。以前的"网络科技概念"现在早已变为了现实，新的概念不断涌现，诸如绿色能源、人工智能、数字经济、"一带一路"、网络教育等，这些在股票市场上的概念折射出一个时代的缩影。在饭桌上一个朋友曾开玩笑地说："是股市推动了科技的发展和时代的进步。虽然没能在股市里赚到钱，还亏了不少，但时代进步了，生活改善了，也算是给社会做了点贡献。"引发了大家的一阵哄笑。

万物皆由共同性和差异性相互渗透，相互影响。我们生活在一个变化万千的世界。认知共同性，可以掌握事物发展变化的规律，了解差异性，可以让我们面对具体的事物时保持必要的灵活性。

行为修炼:

面对市场保持足够的自信

在还没有足够自信的时候最好不要踏入市场。缺乏自信是因为迷茫，迷茫是因为认知上的缺失。交易场上的认知时常超出了大多数人的认知范围。当市场疯狂的时候，同时也是产生超常获利机会或发生巨大的时候。交易中的自信体现在对自己的交易系统的自信，懂得什么时候可以"坚定地持仓"和什么时候需要"坚决地止损"，能够做到这两点的交易者距离成功只是时间早晚的事。自信是一种神奇的力量，是迈向成功的保障。

第六篇　唯一心法

有人问大师："大师，能不能告诉我绝招是什么？"大师蒙圈了，因为大师根本没有绝招。离开了具体的市场，一切都是空谈。又问："大师，那么学习和训练有什么意义？"大师尴尬地笑道："我不是什么大师，我每天也都在学习。"

面对跳动的价格，交易者的心理活动会一直处于活跃状态，会想象或思考，总会因为要不要采取行动而纠结。在涨跌面前如果能做到心如止水的人，那是圣人，是不差钱的人。有的交易员会尝试使用各种方法，这种方法出错了，赶紧学习总结换另一种方法。如果又错了，就再去寻找下一个方法。或者看到别人成功的方法，马上就想要为己所用，一直处于寻寻觅觅之中。

著名的哲学家王阳明悟道后，总结了八个字："此心不动，随机而动。"这"八字真言"乃是王阳明心学的最高精华。王阳明后来把这个心法应用到带兵打仗，平定叛乱中，要么不战，战则必胜。我们把此心法应用到交易中，总结为"唯一心法"交易系统。

所谓"唯一心法"，就是首先要搞明白你在当前的环境和条件下，进行投资的目标是什么？你的初衷和需求是什么？确立了目标以后，所有的策略和行为都将围绕这个"唯一的目标"而展开。做到此心不动，先让你的心安定下来，然后再观察市场的情况，随机而动。

我们的心经常处于妄动状态，一个念头接一个念头，像滚雷一样不断地在我们心中炸响。这是正常的，因为我们有感官，有意识，大脑会根据接收到的各种信息做出反应。绝大多数人却对自己的妄动没有觉察能力，套用精神分析的术语，这些没有被觉察的妄动就是潜意识。当我们被潜意识所控制时，我们就会处于程度不同的失控状态。在竞争或者交易中，你的对手很可能成功地利用了你的潜意识。

"唯一心法"交易系统最重要的就是首先要求交易者要把心中的"唯一"确定下来。这个"唯一"可以是一个点位、价位或一个价格波动的区间，可以是一个指标或一个波段，可以是一种方法，也可以是一个损益率等。把"唯一"确定下来之后，剩下的工作就是观察和等待，一旦发现符合我们确定的"唯一标准"，那么就随机而动。否则，任尔东南西北风，我自岿然不动。把主动权掌握到自己手中。

在中国佛教禅宗史上最著名的禅宗公案，当年五祖弘忍大师将衣钵传于六祖慧能后，由于慧能入室较晚并且没有文化，引起了五祖门下众弟子不满，发生了不少风波。慧能得法后经历了千难万险，与猎人为伍磨炼意志、修其忍辱，最后来到广州法性寺，正好遇上印宗法师讲《涅槃经》，讲经结束后由于风吹动寺院前的幡在飘动，有一僧人说："这是风动"，另一僧人却说："这是幡动"，二人正在互相争执不下时，被刚进寺门的慧能听到，上前便说："既不是风动，也不是幡动，是仁者心动。"六祖慧能终成一代禅宗大师。

在交易中可以借鉴禅修的方法，是因为在交易中最能体现功利心和得失心。修习禅法就是要人们通过自我认识和自我思过，来驱除人们内心的潜意识，破除我执我见来达到无我境界。假如你用的是"突破买入法"，你就一直盯着"突破"。假如你参考的是月线就不要去管什么年线。在交易中要达到所谓的无我就是放下得失心，但又不迷失自我。双重标准是让我们感到困惑的主要原因。

把所有的精力专心放在喜欢做的一件事上，一定可以掌握事情发展变化的规律，使自己在某一领域具有特长，并能在这一领域受到人们的推崇。所谓"心能得一乃有其术。术者，心气之道所由舍者，神乃为之使"。我们是不是可以理解为，当一个人真正掌握了"术"，连"神仙"都会为你服务。

马祖道一在衡山怀让禅师那里禅修，每天很勤奋地坐禅。有一天怀让禅师问他："你坐禅是为了什么?"马祖道一说："坐禅是为了成佛。"怀让禅师于是拿了一块砖头在庵石上磨，马祖道一问：

"您磨砖头干什么呢?"怀让禅师说:"把它磨成镜子。"马祖道一说:"砖块怎么能磨成镜子呢?"怀让禅师说:"砖块既然磨不成镜子,坐禅怎么能成佛呢?"马祖道一说:"那么怎么样才对呢?"怀让禅师说:"就好比驾一辆牛车,车子走不动了,是用鞭子打车对,还是打牛对呢?"马祖道一立刻领会了其中的奥妙。在学习投资之道的时候,方法和方向不对,终究不会有收获,反得其害。明白要学习的东西是什么固然重要,但最关键的还是在于学习者的悟性。

《周易》是中国古代最伟大,也是最神秘的一部奇书,甚至被历代学者奉为中国传统文化经典之首。《周易》共有六十四卦,但最神奇的是它的变通性,一个卦象通过"变爻"可以马上转换为另一个完全不同的卦象,可谓变化无穷。但不管如何变化,都脱离不了这六十四卦,万变不离其宗。股票因为涨跌的时间周期、幅度大小等因素的不同,从而产生了千变万化的走势图形。如果说世界上找不到两片相同的树叶的话,那么,在证券市场上肯定找不到两只走势完全一样的股票。但最终的结果只有两个,上涨或下跌,各50%的概率。明白了事物的根本核心,学习就有了目标。

我们也可以选择追随,追随成功的人,追随有经验的人,这样也可以获得成功。但通过自己的学习,用自己的方法获得成功,在心理上有一种满足的自豪感。特别是你不用担心那个你追随的人会随时离去。古语曰:"大旱三年,饿不死厨师。""薄技在身,不愁油盐。"努力掌握一套属于自己的"吃饭家伙",才能在某个行业中混饭吃。否则,就是混日子。

　　一个比丘向佛陀求教："我体会到生老病死的苦难，身体实在是一切苦痛的根源，我相信婆罗门的话，祈求天神的佑护，但十几年来，依然贫穷多病。我到底是信天神还是不信呢？"佛陀静静地听后，问道："如果一个农夫，不在春天里耕耘播种，而只在神的面前祈祷神赐来秋天的丰收，这样行吗？在日常生活当中，要辛勤劳动，不好逸恶劳，勤俭生活，身体也就会健康，家业也就会富裕。求神不能解脱人生的苦痛，只有努力地止恶行善，不断净化心灵，就能逐渐解脱痛苦，从而进入寂静涅槃的快乐之境。"求神不如求己，学习智者的智慧，揣摩仿效成功者的行为，自我修行，总有一天你也会步入成功者的行列。

　　巴菲特建议投资者最佳的学习方式是模仿投资大师的投资经验和投资理念，他说："在大师门下学习几个小时的效果，远远胜过我自己过去十年里自以为是的天真思考。""我一直认为，对于刚开始起步的投资人来说，应该寻找已经被证明长期成功有效的投资方法，然后依葫芦画瓢照着做就行了，令人吃惊的是，这样做的人实在少之又少。"这不得不引起我们的思考，难道模仿就这么难吗？显然不是，在学习过程中，模仿应该是最简单的事，而最难的是真正从内心里接受那些学来的投资方法，通过训练真正变成自己的行为习惯。一个人的行为习惯，决定了他处理事物的方式。如果你真的想改变自己在某个方面的状况，那么，就从改变行为习惯开始吧。

　　在交易中，一些屡试不爽的小技巧经常可以让你获得收益或躲开损失。记住这些成功的小技巧，并重复去使用。"一招鲜吃遍天"，你可能在无形之中使用了"唯一心法"，成败往往由细节决定。这些小技巧是你在交易中日积月累的经验所得，是一种无形的感悟。相比于头头是道的大道理，小技巧很难用语言来表述，但是很实用。

关于投资和交易的图书数不胜数，各种方法和理论派系林立。所有投资者都希望通过学习掌握某种可靠的理论。但理论构建过程却告诉我们，任何一个能站得住脚的理论都需要依赖假设的条件具备时才能成立。市场不是固定的、理想的和模式化的，市场在短期区间内常常是随机的。当股价没有按投资者所期待的前进轨道时，使得那些坚持以理论指导操作的投资者经常会对所学的理论产生怀疑。这时候，更需要守住你心中的那个"唯一"，在标准面前，才不会迷茫。

专业的交易者可能拥有多套交易系统，这和"唯一心法"的理念并不矛盾，他们知道在什么样的市场环境下使用什么样的交易系统。优秀的专业交易员利用他们在专业知识、信息获取、资金和仓位等方面的优势，针对不同的市场或个股使用不同的交易策略，因而更具有灵活性。

把一张股价走势图放在一个分析师面前，可以套用各种理论和指标都可以讲得通。给人的感觉是，所有的理论和技术指标在股市中都是正确的。但是，一旦进入实际操作中，却常常发现"理论不灵了"，"指标也失真了"。既然对于已经发生的走势图形都能给出各种合理的解释，那么，在现实中不管股价走出何种图形都是合理的。因为，在下一次股价图形分析会上，人们一定可以找到一种理论或技术指标对它进行完美的解释。所以，不是理论指导了走势，而是理论解释了走势。

令所有投资者崇拜的偶像巴菲特从2000年开始，每年都举行牛排午餐慈善拍卖活动，竞拍者可带七位同伴与巴菲特在纽约知名的牛排馆共进午餐。当然吃饭是次要的，主要是可以面对面地向老巴请教投资之道。竞拍价由几十万美元涨到了现在几百万美元。巴菲特的投资理念和方法在他的著作里早已被世人熟知，花那么多钱参与竞拍，虽然作秀的成分更多一点，但参与者在与巴菲特共进午餐后，都表示"物超所值"。看书学习和面对面地请教还是有很大的不同，如果能得到成功者手把手地传授机会，千万不要错过。这样的机会用"胜读十年书"来形容一点也不夸张。

有一个参加"股神"巴菲特慈善午宴拍卖活动的中国人，在吃饭过程中，他问了巴菲特一个问题："怎么炒股？"巴菲特笑着说："我不会炒股。"如果问巴菲特："什么是价值投资？"也许他会讲一天都讲不完吧。

方法和技术的学习都是容易掌握的，学习的最终目的是能达到有所悟的境界。当你突然感悟了，就如同体验到从山脚下看风景时和站在山顶上看风景时的不同。"欲穷千里目，更上一层楼。"事物在变，时代在变，人也在变，但道始终不会变。如果能真正地悟道了，在一切变化的事物中，就可以以不变应万变，应对自如。一位从业二十多年的投资人说："走过多少弯路，交了多少学费，花了十几年的时间才明白，最简单的就是最有效的。一切都是顺势而为，顺其自然。"

假如你忘掉了所有的方法和系统，仍然能对市场了如指掌，应对自如。那么，恭喜你！你也许已经达到了交易场中"圣人"的境界了。《老子》曰："不出户，知天下，不窥牖，见天道。其出弥远，其知弥少。是以圣人不行而知，不见而明，不为而成。"不出家门，就可以了解天下大事；不望窗外，就可以认识天体运行规律。一个人之所以跑到很远去追寻结果，是因为他知道得少。因此，圣人不必亲身去做，就能知道一切；不必亲眼看见，就能明察秋毫；不必有所作为，就能成就功业。"不为而成"可能就是交易中的最高境界了吧！

行为修炼：

保持专注的精神

在一生当中，在每个阶段可能会遇到很多美好的东西，但只要用心好好把握住其中的一样就足够了。弱水三千，只取一瓢。佛教四大戒"贪、嗔、痴、恨"里把"戒贪"放在了首位，灾祸往往始于贪欲。市场上充满了诱惑的机会，保持足够专注的精神，这也是

"唯一心法"交易系统的精髓所在。专注于自己熟悉的股票、专注于自己熟悉的行业、专注于自己熟悉的领域，就可以了解掌握事物运行的规律，即使没有大的成就也不会有大的灾祸。

第七篇　趋势是条狗

牛市，势聚则威立；熊市，势散则神衰。第一个喊"牛市来了"的人会被人们嘲笑；第一个喊"熊市来了"的人会被人们谩骂。群体心理往往会被利用。伟大的心理学家勒庞在《乌合之众》中早就说过，群体心理是不讲逻辑、不讲证据的。

只有站在趋势的角度上研判价格的波动方向，才会对交易有实质性的帮助。认清趋势的意义在于，面对市场心中有数，不会因市场短期的来回波动而影响交易。在某一个阶段，你在投资方面做得顺风顺水的时候，要保持并继续这种状态，你可能正好搭上了趋势的快车。直到感觉到颠簸难受的时候就选择下车离开。

根据能量守恒定律和因果定律，任何趋势背后必然有推动的力量存在，了解这种力量的来源就可以认清趋势的方向。在资本市场上，一个重大趋势的产生是由社会各方力量作用下的结果，所以身处市场中，个人不要妄想以一己之力去改变这种趋势，也不要去幻想趋势会突然发生转变。"亡不可以为存，危不可以为安。"适应市场，做出相应的应对策略是最明智的做法。

价格的趋势是突破一个又一个阻力后产生的结果，突破重要的价格区域原因可能是基本面发生变化了重大变化，也可能是资金的推动。而资金推动的原因，最后验证的结果仍然是基本面发生了变化，从而市场需要构建新的平衡关系。如果基本面没有发生大的变化，单单是资金的推动，这样形成的趋势是不会长久的。所以研究和关注基本面对了解趋势有重要的作用。如果价格又返回到原有的区域，那么当前趋势结束。市场又开始酝酿新的一种趋势方向。

趋势就像一条狗。狗可能是最会审时度势的动物，它会敏感地判断周围势力的强弱，当主人出现时，它会耀武扬威，对其他的狗和人表现出很强的攻击性，当主人不在身边时，它会"夹着尾巴做狗"。在受到攻击的时候，甚至会迅速逃窜。趋势一旦形成，会像一条疯狂的狗，势不可挡，可以扑向任何地方，唯有主人的训斥和打骂可以让它有所收敛。

在趋势还没有结束的时候，不要贸然靠近去试图制服已经疯狂的狗，它随时会咬到你。顶级交易大师利弗莫尔向人们讲述了在早年的操作中也曾犯过这种抄底摸顶的错误：有一次他在操作棉花期货时，看到棉花已经跌到低位，并且价格在每磅12美分上下很小的幅度内徘徊。他认为棉花价格已经到了底部，是一个建立战略性仓位的最佳时机，因此他开始大量买入棉花期货。奇怪的是，只要他开始买进，价格就上涨；一旦他停止买进，价格就开始回落，并且回落到他的成本价附近并较长时间停止不动。他耐不住心中的恐慌全部平仓，亏损大约 3 万美元。就在他平仓的同一天，棉花又开始上涨进入原来的盘整。他又在原位买入棉花多头，奇怪的是就在他刚建完仓后，棉花又进行了一波小幅下跌。他又急忙平仓，又亏掉了 3 万多美元。此后五六次里，利弗莫尔前后共亏损 20 多万美元。就在他感到沮丧时，棉花期货突破了长达四个月的盘整区域拔地而起。当时利弗莫尔的描述是就像看到了满地金子，却没有了铁铲和推车。他的资金亏完了。最后大师告诫人们："不要和趋势作对，特别是不要试图抓住趋势的第一段和最后一段，因为这两段行情是世界上最为昂贵的两段行情。"

一个趋势会持续多久，不知道它何时会反转，也不知道导致反转的因素以及反转的程度，只知道目前我们身处其中。短期的某个趋势迟早会结束，但大的具有历史发展进程的趋势无法改变。投资领域里面临的是在大的发展趋势中的周期波动，判断周期的时间长度和波动的空间幅度是对每个试图预测市场者的最大挑战。

大的趋势是由许多小的趋势组成的，站在不同的时间周期框架下，对趋势的理解不同。一波行情的上涨，站在大周期趋势看待行情的人可能认为只是一个下跌中的反弹，所以仍然会观察，不会采取行动。而处于小周期级别的交易员会认为是一波上涨的行情而采取行动。同样，一波下跌的行情，处于大周期角度的投资者认为只是价格短期的回调，会选择继续持有，而处于小周期的交易员因为下跌已经卖出了手中的股票。

因为大、小时间周期使用的差异，从心理上和认知上对现有价格产生了分歧，因为对市场表现的预期有分歧才会发生交易行为。市场对价格高度的统一，就表现为无成交量的涨停板或跌停板。分歧是保持市场活跃的催化剂。交易者在价值上和时间周期上的分歧是决定成交量多少的最大原因。

趋势的形成是多空力量双方博弈的结果，对趋势的研判，要敢于做出自己的判断，敢于出击。犹犹豫豫，瞻前顾后，最后什么也得不到。即便你判断错了，也没什么，及时校正就好。

一位期货交易者发现螺纹钢的期货价格已经从每吨4000元跌到了每吨3000元附近，几天来一直在3000到3100之间震荡。他觉得这应该是一个底部，所以决定做多。期货公司的客服是个大学刚毕业的大学生，他们聊天的时候，这位交易者随便问了一句："螺纹钢应该是见底了吧？"客服小伙子沉默了一下，然后很神秘的表情低声对他说："难讲，我听说现在很多大户都还在做空螺纹钢。"他的这句话对交易者来说起到了无形的心理暗示。所以，这位交易者心里犹犹豫豫，每次交易的时候，一想做多单，耳边就响起客服小伙子的话，反而开了空单。一开空单就亏损，结果那一波行情螺纹钢从3000涨到了3800附近。他因为反复开空单，损失惨重。后来，为了去除这个阴影，他干脆离开了那个营业部，在其他营业部重新开了户。他说："从那以后，我基本不再和人谈论关于行情的事。"如果你的心受到了外界的干扰，就会影响你去独立思考。股票交易也一样，电视、报纸以及广播都会有"市场杂音"出现。很多交易者在吃过几次亏以后，对报纸上的"股评"和"期评"都基本不看，只看上市公司发布的公司公告。研判行情的时候，最好按自己的思路独立思考，如果受到"市场杂音"的干扰，你就会经常怀疑自己的判断。

在生活中，我们常常追赶潮流，也就是随大流。因为这个"大流"已经获得了社会大众的认同，趋势已经形成。所谓"存在必有原因"，社会发展如此，我们无法凭一己之力能够改变社会，只能顺应时代。当然"特立独行"的人很多，这里我们只讲宏观上时代发展的趋势。"随大流"还有一个优越性，就是不用背负承担责任的压力，如果出现错误，是群体性承担，对个人的压力影响有限。既要跟上时代发展的脚步，又能根据自身的实际情况做出人生规划，扮演好自己的角色。

在追随趋势的时候，最好能够踏准节奏，否则将承受心理上的考验，甚至会怀疑自己的判断。在佛家的《百喻经》中有个故事很有意思：从前有一个富有的年长者，身旁的人都想得到他的喜欢，都对他十分恭敬。他在地上吐痰，身旁侍候他的人赶快用脚去擦掉。有一个愚人来不及去擦，于是自言自语道："如果痰吐到地上了，别人就会争相去擦。所以，在他刚要吐的时候，我就先去擦掉。"于是，当这位长者正咳嗽想吐痰的时候，这个愚人便抬起脚来，朝他嘴上踩去，结果长者的嘴唇被踩破，牙齿也被踩断了。长者生气地质问这个愚人："你出于什么原因，要踏我的嘴巴呢?"这个愚人回答说："如果您的痰已经吐到地上，您身边巴结您的人便争着擦掉了。我虽想给您擦，却总是来不及。因为这个缘故，我想等您刚要吐的时候，便抬起脚来先擦掉它，希望讨得您的喜欢。"所有的事情都要看时机和因缘。时机因缘没有到，强用功力去做，反会增加苦恼。

有时候，我们太在意"别人是怎么想的？"。每做一件事，先考虑别人的看法，事情还没开始，脑海里就一连串的疑问句：别人会怎么看我？他会同意吗？如果被拒绝了怎么办？当你还在瞻前顾后的时候，时机早已从眼前溜走了。

《三国演义》开篇曰："天下大势，合久必分，分久必合。"资本市场也必然是："跌久必涨，涨久必跌。"这个规律只针对市场大势而言，对个股则需具体对待。趋势初来，春江水暖鸭先知，资本对逐利的敏锐嗅觉，会使资金流迅速朝一个方向运动，不断追逐出新的高点或低点。对趋势的形成还是要从势的角度追根溯源，即搞清楚主导这次趋势的力量是什么？明白在什么样的条件下产生了这样的势，就可以判断这种趋势仅仅是昙花一现？还是会持续很长时间？从而制定相应的交易计划和策略。

不管是在股票交易中还是在期货交易中，追随趋势或波段的操作的时候，分清主要走势和次要走势至关重要。次要走势是主要走势的调整，在主要走势明确的情况下，出现次要走势时是很好的加仓或减仓机会。次要走势往往是反人性的。上涨中的回调，下跌中的反弹，是对交易者心智极大的考验，没有强大的内心和坚定执行交易系统的意念就很容易做出错误的判断和操作行动。次级走势的"维系失败"会导致原有趋势的改变，即行情反转。在交易中，股票价格或期货价格反复无常，这时候成交量指标的分析对理解资金意图能起到很好的辅助作用。

在资本市场上，和趋势对抗的"主动性行为"适用于长期的战略性投资，但不能盲目"对抗"。什么时候可以"主动出击"，要研判大势，最主要是要求对出击的"目标物"抱有绝对的信心。如果能在"下降趋势"的末端尝试主动性参与，在趋势反转的时候就可以获得良好的收益。相反，在"上升趋势"的末端采取主动性撤离，则可最大限度地保住"胜利的果实"。"逆向投资策略"就是典型的主动性交易行为，这种策略可以在股票市场适当使用，但是，因为放大资金杠杆的原因，在期货和外汇市场上则要慎之又慎。

有一种力量叫作"趋势"，趋势一旦形成就很难阻挡，任何外部的力量最多能从节奏和速度上对它产生影响。所谓"顺势"，就是顺应资金方向的势，顺应市场情绪的势，只要产生趋势的"因"还存在，这个趋势的"果"就会持续下去。

《周易》中的"升卦"描述了事物由弱转强，顺势上扬的过程。在事物的发展过程中要遵循客观规律，事物往往是循序渐进中发展，前进的路上一波三折，把握不好就会前功尽弃。主观的愿望不能违背客观规律，很多事情常常欲速则不达。在趋势的形成初期，事物都是处于柔和的状态，如新生的婴儿，如新长出的幼苗。因为柔弱才会受到滋养，人性倾向于同情或保护弱者，在柔弱的状态下才可以避免攻击或伤害，弱不禁风的幼儿方能长大成人，脆嫩的幼苗才会长成参天大树。在一个趋势的进程中，势力过于凶猛，发展过于快速，则可能会招致灾祸，甚至会导致整个趋势的加速终结，物极则必反。

行为修炼：

练习在股价走势图上画出压力线、支撑线和趋势线

有经验的交易者通过对价格走势图形的目测，基本就能了解和判断价格的走势情况。严谨的交易者更是把在走势图上趋势线和波段线作为必要的功课来做。通过对股价历史走势中的每个高点或低点进行多种方法的组合连线，可以看清股价的运行轨迹，从而判断股价未来的走向。经典的股价走势图形有：V型反转、M头、M底、矩形震荡和三角形等。初学者可以通过学习，积累经验，逐步掌握在股价走势图上划线的方法和技巧。

第八篇　做最好的梦，最坏的打算

当有人慷慨激昂地说："只要站在风口上，猪都能飞上天。"现实往往是："风一停，猪会被摔死，而鸟儿还在天上飞。"其实猪也很冤，它并不想"上天"去，只是想"上山"吃点草，却因为来错了时候，反而丢了性命。

很多投资者初入股市，信心满满，看到或听到许多在股市中"一夜暴富"的故事后，跃跃欲试，计划在股市中一展宏图。为什么很多投资者在初入股市的时候都是先赚钱，后亏钱？常常是一轮火爆的牛市吸引很多从未涉足股市的投资者进入了股市，刚开始，牛市还没有结束，即使是什么也不懂，跟着别人随便买个热门股也会赚到钱，但行情也已经基本接近尾声了。而初入者才刚刚"尝到甜头"，觉得自己就是做股票的天才，全然没有意识到风险正在逼近。牛市一旦结束，也就开始了漫长的亏损之路。

从刚开始很轻易地赚钱，到后来的亏损累累，在股市里的"发财梦"破碎了。有的人心灰意冷，离开了市场，而有的人不甘心就此失败，于是，才开始看书学习，参加各种讲座，这时候对股票市场才有了初步的认识。怀揣着期初的梦想，一切才刚刚从头开始。

经历得多了就会发现，或许世上根本就没有什么骗子，只有自己相信或者不相信。在一度火爆的虚拟货币市场，一位知名的币圈大佬为新发行的某某币站台，发行价一角钱，大佬说可以赚大钱。你买啦，涨到两块钱，赚了将近20倍。你能说他是骗子吗？大佬还是一直说能赚大钱，你没抛，结果跌到了两分钱，基本上本金也亏完啦。你能说他是什么？这时候，你当然可以骂他是骗子！

身处市场，没有比想知道"市场明天会怎么走"更重要的事。牛顿说："我能计算出天体运行的轨迹，却难以预料人性的疯狂。"一杯水倒在平整的地面上，谁也无法预测它的流向，但倒在有坡度的地方，都知道水会流向低的地方。力学原理同样适应于资本市场，只不过这个力是：价值的力、需求的力、资金的力、政策的力以及心理预期的力等，这些都会影响市场的走向。市场的走向是有惯性的，改变走向需要有新的力量的出现。

我们常常寄希望于对市场或某只股票的预测上，甚至把自己"美好的幻想"当作必然的结果，主观地决定自己的操作，结果往往面对的是失望。市场不是预测出来的，是各因素相互作用的结果。主观上要对预测的结果做好"成立"或"不成立"的心理准备，客观上对影响市场的各个因素进行合理分析，结合市场状况的实际表现，从而对市场做出判断，验证预测的结果。

人类的潜意识是一种很神奇的力量，常常会在无形中控制我们的行为。潜意识应该是先天固有的本能和后天长期积累的认知相互作用结果。先天的本能很难改变，但后天的认知可以通过学习和对经验的总结而形成。对事物的预测和判断很多时候就是一种潜意识的作用。

既然是预测，结果就不是一加一等于二那么简单和肯定。预测都是以"如果怎么样，就会怎么样"的模式出现，所以，当"如果"没有出现时，那么预测的结果也就不会发生。事物确实有一定的规律，但并不是说，只要我们知道自己处于事物周期的哪个阶段，就可以准确地预知接下来肯定会发生什么。只能通过对自身所处环境的认识和对事物当前表现状态的观察，为我们采取相应灵活的对策提供参考。"经验主义"和"教条主义"都有可能犯致命的错误。

当你认为自己做了一件正确的事，而最后的结果却是糟糕的。这时，你可能会觉得委屈。没错，你当时做的确实是正确的，但随着事情的发展，新的矛盾出现啦，这可能是你没有想到的，如果又没能及时修正和解决新的矛盾产生的问题，事态的发展就会让自己陷入被动。保持足够的警惕，多一步思考，及时灵活机动地处理新出现的问题，尽量回到对自己有利的轨道上。快速的应变能力，通常被看作一个人高智商和高情商的表现。

通过观察价格的修复能力来判断和预测趋势的可持续性。强势的股票启动后，在一个较大的价格区间里基本没有回调，股价如果出现回调。首先看回调的力度，技术派有回调三分之一、二分之一等标准，如果股价止跌反弹，再看反弹的修复力度，如果超越了前期的高点，那么就假设趋势还在继续。所有的预测都建立在假设某些条件具备的前提下，对起决定作用的力量强弱的分析，直接影响到预测的准确性。

既不能完全依赖预测，也不能纯粹不相信预测。预测是战略中的一部分，战略目标是对未来的规划，应该建立在"市场意志"的基础上，忽略"市场意志"的目标和预测都是空中楼阁。"市场意志"的一个重要指标就是成交量。成交量是市场的"语言"，读懂市场的语言，你就可以和市场进行"交流"了。成交量萎缩，说明场内的投资者"惜筹"观望，手握现金的投资者进场意愿也不足。成交量放大的时候，市场分歧加大，场内的想出来，场外的想进去，对未来的心理预期决定了交易行为。

人们对一件事做出预测，一定有一个核心的理由，因为这个理由在过去的经验中导致了某种结果的发生，所以，当他发现现在又出现了和以前相同或相似的情形，所以预计同样的结局也会发生，即认为所谓"历史会重演"。其实，这样的预测也是个概率的问题。同样的事情发生在不同的人身上，结局也不一样。即便是同样的事又发生在同一个人身上，因为以往的经验，这次应对的方法不一样，结局也不一样。因此，预测是件容易的事，但能做到预测准确却是很困难的事。

既然预测是困难的，也无法做到准确，那么是不是说预测没有什么用呢？事物的"因果定律"终究会起作用，有"因"必有"果"，只不过"果"对"因"的验证形式会以多种方式出现。又因为"因中之因"的相互作用，使得同样的事会产生不同的结果。最好的办法就是对事物的未来构设多种结果，以多种备选方案来应对事物的发展。出现什么样的"果"，就采用什么样的"道"来应对。努力做到"万无一失""心中有数"。如同出门旅行，旅行包里会准备很多东西，食物、水、雨伞、常用药物甚至刀枪。我们不知道在旅途中会遇到什么意外的情况，但必须有所准备。

当你祈求菩萨保佑实现某个愿望时，一定是一个很难实现的愿望。假如实现了，你会感谢菩萨保佑！假如没有实现，你会抱怨自己"命不好"。一个对失败和损失痛恨的人，渴望成功的梦想会让他的潜能发挥到极致。只管去努力，人生就是行走在路上，心里装着美好的理想，从容应对现实中时刻都发生的挑战。做最好的梦，准备最坏的打算，这样，那个坏结果反而偏偏不会来。

"只关注正在发生的事"是现实主义者的处世哲学，过去发生的已经过去，未来无法预知。做好当下，可能是最务实的选择。为过去的事耿耿于怀和为将来的事焦虑不安都是不明智的行为，对当前的事物没有实质性的帮助，反而，因为"经验主义"和"理想主义"会对情绪和心态造成影响。现实是什么样子就应该是什么样子的，在你参与到一个无法通过自己的意志可以左右发展进程的事物时，只能选择要么追随其中，要么置身事外。这样做，并非消极的表现，而是遵循事物的发展规律。如果想改变事物的现状，除非你手握决定权。

证券市场是由一个庞大群体参与的市场，作为其中的一员，影响市场的作用微乎其微。不要让你的梦想和观点左右你的交易行为，因为市场不一定会买账，只有个人预期和市场预期的高度统一，才能心想事成，要跟随市场，审时度势，认清现实，把握进退。

行为修炼：

养成制定交易计划的习惯

交易如同行军作战，没有计划的交易只是在赌运气。最简单的交易计划包括：在什么价位买入、在什么价位获利卖出和在什么价位认赔止损。初学者可以通过模拟交易来制定交易计划，进行模拟操盘训练。养成制定交易计划的习惯可以避免随意交易和过度交易，对交易全程监控，心中有数。

第九篇　长线投资　短线管理

投资者都希望能找到一种能够长期产生收益的简单的交易方法。过于复杂的决策过程会影响执行的效率，最简单的往往也是最实用的。所有的交易策略应当围绕当前的市场表现展开，认清现实，避免纸上谈兵和固执己见。

一般的屠夫杀猪都从猪脖子开刀，但有的屠夫偏喜欢从猪屁股下刀，所谓"杀猪捅屁股，一人一个做法"。都是为了吃肉，却各有各的方法，适合自己的才是最好的。

《礼记·中庸》："凡事预则立，不预则废。言前定则不跲，事前定则不困，行前定则不疚，道前定则不穷。"如果你真心想做好某件事情，就应该制定详细的进退策略，除非你从心底里就没有去重视它。表面上率性而随意的决定，是潜意识中的无关痛痒。

普通的中小投资者，在牛市里可能都会在市场上有所获利，但如果把时间周期拉长，情况则不容乐观。看到上海证券交易所发布的一个统计数据，该数据显示，A 股散户，无论是账户在 10 万以下的"超级小散"，还是资金量在千万级别以上的超高净值人群，2016 年 1 月至 2019 年 6 月期间，单账户平均年度收益均为负值，只有机构投资者和公司法人投资者在此统计区间内实现了单账户的平均年化正收益。此外，值得警醒的是，个人投资者（账户资金量在 0~1000 万以上不等）、机构投资者、公司法人投资者在统计区间内依靠择时均未能实现盈利，仅有机构投资者和公司法人投资者依靠选股实现了正收益。择时交易是指相对短期的交易，也就是短线交易，从数据上看，不管是个人投资者或机构投资者能通过短线交易长期获利的概率很低。选对股票，长期投资，是在股市中长期获利的"秘诀"。

从概率的角度看，选择的次数越多，出错的机会越多。很多投资者追求短线的高抛低吸，往往发生一次错误，就把几次正确操作的利润亏完，心态变得极差，这时候需要及时调整心态。从长期来看，采用长线投资策略更适合于大部分非专业的业余投资者。学习掌握一定的经验和技巧，采用"长线投资"和"短线管理"相结合的投资方法是最佳的选择。

那些不知道市场正在发生什么就盲目行动的人，除非是运气好，否则就会受到惩罚。我们必须对现在发生的事保持足够的警惕。虽然预测未来很困难，但是了解现在却是可以做到的。只要用心去了解背后大多数参与者的心理，理清逻辑关系，思考下一步该如何采取行动。投资管理应该是对投资过程的管理。所谓"水来土掩，兵来将挡"，一切需根据具体的情况做出相应的措施。

《鬼谷子》："故变生事，事生谋，谋生计，计生议，议生说，说生进，进生退，退生制。因以制于事。故百事一道而百度一数也。"所以说，变化产生事情，事情产生谋划，谋划产生计算，计算产生议论，有议论就有说辞，有说辞就有进展，有进展就有退却，有退却就有节制，于是对事情就能控制了。所以，百事同归一"道"，百度同归一"数"。看似复杂的事物，经过环环相扣的解析，最终都能通过"道"和"数"得到解决。"道"是基本的理念，"数"是解决的方法。

我们不能把任何自己觉得有效的方法和策略强加给别人，一种方法和策略对你自己适合，对别人或许是麻烦，原因似乎难以理解。因为在制定策略和方法的时候，制定者在心中是熟知它的原理以及优点和缺点的。所以在具体操作的时候会小心、巧妙地避开它的缺陷。而其他人不具有这个优势，除非亲自经过大量的练习和实践去领悟。当你把命运的主动权交给别人的时候，就只能听天由命。

以前，很多证券投资咨询公司通常和各电视台合作开设股评类的节目，在盘中或盘后播出。投资咨询公司会派专职的"营销分析师"和电视台的主持人讨论当下的股市行情，固定的模式是在节目的最后，"营销分析师"都会说一句话："今天免费送大家一只即将上涨的金股，拨打屏幕下方的电话即可获得。"电视台那边节目一结束，公司的几百多部电话就像爆炸一样同时响起。业务员根本来不及和客户仔细沟通，只是先留下姓名和联系方式，告诉客户稍后会有专业的分析师联系，然后就挂断了，赶紧去接下一个电话。接的电话越多的业务员拥有的客户资源越多。这种情况大概会持续十多分钟，办公室才会逐渐归于平静。为什么有那么多股民会打电话索要所谓"金股"？因为普通的股民投资者根本没有自己的交易策略，只能通过打探消息或咨询他人来买卖股票。因为太多的投资者上当受骗，甚至引发纠纷，现在这类节目已经被取消，在电视上已经不见踪影。确切地讲，很多投资咨询公司的业务性质是营销，而非投资咨询。如果没有自己的交易策略，你就会掉进别人设置好的陷阱里，被别人的策略牵着鼻子走。

大部分进入股市的人都做着发财的梦，特别是找咨询机构和业内人合作的，更是抱着急功近利的心态，不夸张地说，推荐的股票如果第二天不是涨停板都不会开心。客户的这种高期望值，对从事投资咨询行业的人会造成很大的压力，被迫去关注和操作一些热门股，如果没有高超的操盘技巧就很容易产生亏损。

专注和耐心是一个人良好的品质。时间可以证明一切，财富需要时间的积累。美国股市早期大作手利弗莫尔说："钱是靠坐着赚来的，而不是靠操作得来的。"持有仓位并耐心等待时间的验证。对优质的股票，只有长线持有才能获得可观的回报。但股票不会一直保持上涨，总会有波动，事物总是在曲折中前进的。根据市场情况，可以适当调整股票和现金的配置比例，在一个可测的区间进行适当的高抛低吸，这样可以有效地化解市场风险。比如一只股票从 5 元涨到 10 元，可以适当地抛售一部分，使一部分利润落袋为安；如果继续上涨，剩余的股票还在继续盈利；如果发生回调，在目标价再买入，这时候，需要注意，你设定的目标价是按照趋势线而设定的，也是判断趋势是否延续的关键；如果在趋势线附近买入，股价仍然继续下跌，那么当前的趋势结束，这时候就要把该股票全部抛出。因为在高位已经有一部分利润套现，所以，此时，你还是盈利的。"投资管理"并不是光考虑投资，还要进行管理，而如何进行管理，就需要掌握一定的方法。

假如，把婚姻的经营看作是一种投资活动，可能会遭到很多人的反对。常看到赞美爱情是纯洁的，感情是无私的！那是诗歌里爱情的样子，也是很多爱情悲剧故事能够赚取人们眼泪的主题。脱离了物质和利益的爱情终究是场美丽的悲剧。把"长线投资"比作婚姻里的长相厮守，那么，"短线管理"就是保持爱情新鲜感的秘诀。在没有新鲜感的婚姻中长相厮守是一种痛苦，最起码是枯燥的。感情中的"短线管理"包括相互利益的创造和输送，如果一味索取，即使是江河也会枯竭。

股价的趋势常常不是按照我们理想划定的趋势线或波段来运行的，虽然也是趋势的行情，但时间周期和波段长度都是无法控制的。所以，在采用趋势线交易或波段交易的时候要灵活运用。对股价的管理最好的办法是实行阶梯式的价格管理，在什么价位可以买进，涨到什么价位就卖出，跌破某一价位就止损。具体价位可以根据股价的历史数据，结合市场的整体估值情况，以及上市公司本身现在的经营情况和自己的心理预期等因素作为参照。这样做的好处是：虽然无法左右股价的涨跌，最重要的是对自己的投资活动进行了可控的管理。

反复止损是导致本金快速缩水的恶习。发生亏损并不代表你选中这只股票是错误的，也许你的"介入点"是错误的。如果重复出现这样的问题，就要反思自己的交易方法。短线管理并不是去不停地卖掉发生亏损的股票。"买价过高既加大了风险又降低了收益"，所以，如果你想买进，就专注地去等待一个低点的出现。对于认准了将要长期持有的股票，在股价回调的低点都是买进或补仓的机会。但如果你计划卖出，则无须犹豫，立即行动，因为当你感觉到风险的同时，其他人也不会袖手旁观。

行为习惯会在你的交易记录中留下痕迹。我们大致把交易行为划分为右侧交易和左侧交易两种类型。右侧交易是在股价形成明确的反转趋势后所做的买入行为，简单理解就是在股价处于上升阶段时买入，主要是顺势操作。而卖出也是在股价经过上涨后，已经确立了明显的回调时卖出。右侧交易的交易风格体现在主动性行为较少，看趋势操作；左侧交易是指股价在下跌过程中，在还没有形成底部信号之前所做出的买入行为，交易风格偏向于逆势操作。而卖出则是在股价上涨到一定程度还没开始回调时就开始卖出。用两个常用的股市俗语可以诠释左侧交易和右侧交易的获利初衷，右侧交易是"追涨杀跌"，左侧交易是"高抛低吸"。

无论是左侧交易还是右侧交易，都是基于投资者介入的时间点来定义的。这两种交易方式都有着各自的独一无二的特点。如果能做到拥有右侧交易的投资思路和左侧交易的操作习惯相结合，不管是在股票市场还是在期货市场你已经优胜于80%的参与者了。

想成为一个成功的投资者，一定要足够地了解自己，性格决定命运，在交易中，性格同样决定了你选择的交易方法。有人喜欢短线博弈，有人喜欢长线投入。方法本身并无优劣之分，如十八般武艺，看在什么样的情况下使用。能够在不同的市场条件下选择不同的方法来应对，就是交易场上的"武林高手"。

行为修炼：

坚持对每笔交易做复盘总结

交易计划是事前规划，对交易进行复盘是事后总结。复盘可以对交易进行经验总结，对成功的交易继续坚持，对失败的交易找到原因，吸取教训。同时，复盘可以验证之前制定的交易计划的合理性，对交易计划时常进行反思，从而完善制定交易计划的方法。

第十篇　铁打的营盘流水的兵

华尔街传奇股票大作手利弗莫尔说："投机如山岳一样古老，华尔街没有新鲜事。"华尔街每天都有人离去，同样每天都有新面孔出现。进入市场就如同进入了战场。和在战场上面临的枪林弹雨所不同的是，你将面临：资金的巨大波动，决定取舍之间的沉重压力，以及对巨大的心理落差的承受能力。

市场的状态和表现没有隐瞒任何人，它应该是什么样子就是什么样子的，不会因我们的喜恶而改变。面对市场，只能去适应和追随，如果感觉不适合你，就选择远离它。

《鬼谷子》："以天下之目视者，则无不见；以天下之耳听之者，则无不闻；以天下之心虑者，则无不知。"利用掌握的一切资源和工具来研究观察市场，研判市场，预测市场，包括神奇的预感。这种神奇的预感是在通过日积月累的学习和不断实践的经验中，潜移默化具备的一种独有的能力。这也是为何不同的人在面对同样的市场，结果上却有着很大差异的一个重要原因。

"圣人不朽，时变是守。"能把握住时时变化的市场规律，才有可能立于不败之地。资本市场的历史会不断地重复上演，但每次都会换个剧本。通过现象了解事物变化的本质，决定自己是否参演和决定要充当什么样的角色。利弗莫尔："观察、经验、记忆和数学——这些方面是成功的交易者必须仰仗的，他不仅必须精细地观察，还要在所有场合始终牢记观察到的内容。"成熟的交易者会时刻研判市场的总体表现，分析任何可能影响市场发展轨迹的因素，哪怕是在其他人眼里看来是微不足道的细节。因为强烈的获利特质，资本在市场中具有最明锐的嗅觉，一有风吹草动便会蜂拥而至。

在一个趋势已经明朗的市场里一定要制定明确的交易策略。没有自己的应对策略，一味地被市场或局势牵着鼻子走，就失去了掌控局面的主动权。人云亦云，见风使舵，最终会一无所获。很多人在市场涨的时候可以讲出涨的理由，在市场跌的时候大谈跌的原因。我们习惯于评论现实，却忽略了了解历史和预判未来。了解历史需要付出时间去学习，预判未来需要严谨的推理论证，而评头论足只需要动一动嘴皮子。

一轮火爆的牛市，可以让证券营业部的开户人数猛增，一个漫长的熊市，使得证券公司趴着无数的"休眠账户"。证券市场在中国起步比较晚，早期营业部较少的时候，为了开户不用去排队，甚至需要托关系走后门。现在证券公司林立，线上线下都可以很方便地开户，为了争取客户，证券交易佣金一降再降。和一位证券公司的经理聊天，他说："现在佣金这么低，证券公司靠佣金赚钱的时代已经结束了，只有不断创新才能有竞争力，为客户提供增值服务，提供信息服务成为新的利润增长点。"有时候是人们去改变生存环境，有时候是生存环境逼着你必须做出改变，否则，就会被时代淘汰。

有位经常泡在证券营业部的老股民，在谈到股票时总是滔滔不绝，各种理论战法都可以讲得很透彻，对很多上市公司的情况也十分了解，在股票上肯定下了大工夫。他在一个派出所上班，派出所门口有个证券营业部，经常到营业部里转一转，逐渐对股票产生了浓厚的兴趣。在一轮牛市中，确实也赚了不少钱，赚钱后对自己越来越自信，他使用了融资杠杆。结果，在股市下跌的时候爆仓了，整个人几乎一夜白头。现在，绝口不提股票，说"这辈子都不会再碰股票啦"。即便是在股市行情好的时候，对他也无动于衷。股市成了他的"伤心地"。而富有戏剧性的是，初生牛犊不怕虎，他的儿子在读大学的时候，已经偷偷地瞒着家里做起了股票。

股市中的散户还有一个自嘲式的称呼叫作"韭菜"，"韭菜"的生命力很顽强，给点阳光就会生长得郁郁葱葱。先是被上市公司"割"，然后被所谓的庄家"割"，割了一茬又一茬。散户多数为业余股民，缺乏专业的金融知识，只知道跟风炒作，或凭经验进行交易，而面对的对手往往是资金雄厚的庄家，或专业的金融投资机构，亏损在所难免。金融投资专业化和机构化是发展趋势，如果你没有掌握足够的专业知识和交易方法，又希望通过投资理财增加收入，最好是把钱用来购买回报稳定的基金或委托给专业的投资管理机构打理。

证券市场有一个特殊的板块，就是从主板市场上退市后，进入股转系统的股票，这些股票因为触及了主板市场的退市标准而被从主板摘牌。进入股转系统后，公司市值暴跌，股价在1元以下的比比皆是。这些股票很多都曾是昔日在主板市场上的明星股，也曾在市场上长袖善舞，翻云覆雨，由于种种原因最后被迫退出了主板市场的舞台。进入股转系统后，如同被"打入冷宫"，无人问津。不幸"踩到地雷"的投资者基本血本无归，除非有朝一日公司基本面彻底好转，还有希望能回归主板，但路途遥远而漫长。作为上市的公众公司，本来应该抱着为投资者负责的精神，好好把企业经营好，回报投资者，却因经营不善，沦为退市的命运，也是咎由自取，但最终还是"苦了"广大投资者。因此，投资者在选股的时候，一定要"擦亮眼睛"。

重组题材是股票市场上永远的热点。重组股一般都是因经营不善，或以前的主营业务受到了严重的冲击，或在重大投资上出了问题，导致公司亏损严重。不得不寻求外部力量对公司进行重组。研究重组题材股的时候，第一要了解大股东的实力，如果大股东实力雄厚，一般都会竭尽全力扶持上市子公司，大股东是国企背景则更可靠，国有企业一般不会坐视控股的上市公司退市而导致国有资产严重流失。第二要了解上市公司的负债规模，如果上市公司负债金额庞大，严重资不抵债，就会因重组成本太高而让很多重组方望而却步。第三要看股权结构，大股东持股比较集中的，牢牢把握着控股权，也是吸引重组方积极参与的优势。如果股权过于分散，则对重组不利。因为常常利空消息不断，所以亏损重组题材股股价大都跌得很低。投资者如果在很低的价位买进，公司一旦重组成功，就如同中了大奖。如果重组失败，也面临着血本无归的风险。所以选择因亏损面临退市的重组题材股一定要慎重。

市场上还有一个词叫"打新"，沪深两个交易所几乎每天都有新股发行，投资者通过"中签"的形式来购买新股。每当新股上市，股价基本都会暴涨，不到几天时间公司市值倍增，如同"鲤鱼跳龙门"瞬间"化身为龙"。交易所如同一个大舞台，有刚开始登台唱戏的，有剧情正进入高潮的，有唱罢黯然离场的。

真是：

市场如战场，各种力量博弈其中，成者为王败者寇，皆为利益。

人生似舞台，精彩大戏轮番上演，你方唱罢我登场，都是故事。

行为修炼：

短线交易盯盘训练

盯盘是以技术分析为主要交易方法或以短线交易为主的交易者

的基本功。依靠基本面选股的交易者则一般不会在意股价短期的波动，更不会去盯盘。盯盘包括盯个股、盯大盘、盯热点等，对自己跟踪关注的个股主要观察涨跌幅度、成交量活跃度、各种技术指标、个股和大盘的涨跌关联度等。专业交易员经过长期的盯盘训练会产生"盘感"，在某个价位感觉跌不下去了，或什么价位感觉上涨乏力，涨不动了，从而指导短线的交易。期货交易波动比较大，有的品种多空转换很快，盯盘训练更是必不可少的功课。

第十一篇　游走在共同体和矛盾体之间

"对手"应该是个中性的词语，一提到对手，可能就会条件反射般地引发起你的警觉，人们往往把自己的对立面称为对手，如战场上的对手、比赛中的对手、竞争对手以及恋爱中的情敌等。有矛盾的地方就产生对手，在不同的矛盾关系中会面对着不同的对手。

利益一致或兴趣爱好相同的人很容易成为好朋友，形成共同体。有的人在比赛场上是对手，但一离开比赛场就是很好的朋友，因为他们都喜爱这项运动。一旦把自己进行归属的划分，你就无形中加入了一个矛盾体，这时，你新的"对手"也就出现了，如果你离开了这个矛盾体，那么，你原来的对立面也随着消失。在一定的条件下，矛盾体和共同体是可以相互转化的。

高中一年级的一班和隔壁的二班的男生之间要进行一场足球比赛，两个班的同学之间关系平时都很和谐，举行足球比赛也是两个班的同学之间自行约定的友谊赛。比赛快要结束的时候，一班以2：1暂时领先，这时，一班的同学在争球时把二班的一位同学铲倒在地，二班本来就比分落后，情绪比较激动，因此引发了冲突，双方大打出手，还好被路过的一位老师及时制止。本来是友谊比赛，结果却以这种方式结束。自此后，双方同学势同水火，互不往来。这个事让一班富有智慧的班主任老师知道了，她和体育老师商量让两个班举行一次拔河比赛，规则是双方各随机交换一半的同学，三局两胜，这样，就不再是两个班之间的比赛了，而变成了两个队之间的比赛，"矛盾体"发生了变化。刚开始，大家都比较尴尬，但是在比赛开始后，双方队员就全力投入了比赛，比赛结果已经不重要了，两个班的同学互相有说有笑，又恢复到了以前的状态。智慧的班主任老师成功地化解了两个班因足球比赛而产生的"矛盾体"。聪明的人往往善于把矛盾体转化为共同体，而常常把共同体推向矛盾体的人，脚下的路注定是越走越窄。

摆在桌面上的"矛盾体"是容易应对的，在判断衡量对方力量强弱的情况后，大不了可以选择回避。常常是那些看不见的"矛盾体"让我们防不胜防。表面上和你说说笑笑的同事，却在背后说你的坏话。对你笑脸相迎的商家，却把假冒伪劣的商品卖给了你。

在证券市场里，看上去大家好像是一个"共同体"，身处其中都是希望市场往好的方向发展，面对的矛盾似乎都是"外部力量"，突发灾害、战争、汇率动荡、外交争端、失业率等都会对市场产生或多或少的影响。证券市场作为一个整体，与外部的影响因素之间构成了一个一个的"矛盾体"。

　　投资者有必要了解和掌握关于这些矛盾体的敏感信息，从而分析对证券市场产生的影响。但是，我们往往忽略了市场内部本身存在的矛盾，其实，有时候我们真正的对手在内部，也就是常说的内部矛盾。外部矛盾显而易见，为了提防和应对对手，必须让自身变得更强大，因此，反而会转变为积极的因素。而内部矛盾的蔓延会削弱本身的力量，应对不当就是消极的、破坏性的。

　　打麻将是很多人业余时间消遣的娱乐游戏。麻将是四个人的游戏，四个人坐在一个牌桌上，形成了一个共同体。同时，相互之间又构成了矛盾体。打牌时了解对手很重要，对方打牌有什么习惯？对方的性格是什么样的？性格外向的人，摸到一副好牌会喜形于色，摸到差的牌就垂头丧气。而性格内向的人不管手中的牌是好是坏都不动声色。摸到一张牌毫不犹豫地就打出去了，说明手中"搭子"已经成形。犹豫再三才出牌，说明正在为取舍而做出决定。通过了解对手，分析对手打出来的牌，可以猜测对方手中的基本牌型，从而采取适当的防守和进攻。麻将是很有意思的娱乐游戏，但一定不要用来赌博。

　　在每个有胜负的游戏中，都是和对手的较量。首先要了解游戏规则，你是凭技术打败对手？还是靠运气赢得胜利？你的对手是谁？"知己知彼，百战不殆"，如果你不了解对手，就是在蒙着眼睛参加游戏。反之，如果对方做了充足的准备，对你了如指掌，你只有被对手牵着鼻子走，跳进对方为你设计好的一个又一个陷阱。

对真正的投资者来说，长期持有优质的股票会获得丰厚的回报。而投机者只是为了赚取股价波动的差价。真正的投资者是认准了一个公司的价值计划做长期股东，不会因为股价的短期波动而频繁买进卖出。频繁买卖赚取差价的行为其实是一场零和游戏。相对于股市来说，期货市场的投机性更强，除了产业资本为了套期保值而参与外，其他的参与者基本都是投机客，期货市场的投机性交易甚至是一场负和游戏。面对市场，了解市场的本质，从而决定自己在其中扮演何种角色。

一个著名的对冲基金经理说："股价从来不说谎，说谎的是人。"在市场上，投资者直接面对的是股价，但同时也被市场杂音所包围：公司公告、分析师评论、风险等级评估、媒体等，这些"市场杂音"常常被"看不见的对手"所利用，无形之中左右着人们的判断和行为。需要投资者识别真伪，通过逻辑性的分析判断价格的未来走向。聪明的交易者可以从价格对这些"杂音"的反应，反过来测试验证市场的"温度"。

当基本面和价格之间发生矛盾时该怎么办？价格是唯一确定的衡量标准。因为普通交易者无法了解基本面背后的全部真相。基金经理的业绩是以收益来评估的，不是以他购入股票的基本面好坏来评判的。同样，中小投资者更是以在价格上获利为目的，而不是看你持有的股票的业绩多么漂亮。所以，大多数技术性的交易系统都是从价位的角度去编制。而长期战略性的风险投资，则是把投资目标在未来发展的前景作为重要投资依据。

国际金融大鳄索罗斯说："我的交易体系可以简单归纳为两点，第一点叫作易错性理论，市场参与者对世界的认知通常是不完整的、扭曲的；第二点是反身性理论，这些扭曲的观点会影响到与参与者相关的环境，还引发错误的投资决策。"

在社会经济运行中，"共同体"向"矛盾体"也是可以相互转化的。或当"矛盾体"经过力量的博弈最终使矛盾消除或转移的时候，反应在资本市场上就可能会引发建立新的经济秩序。这时，就会伴随着出现新的投资机遇。

常常认为股价高就面临着下跌的风险，对价格涨得高的股票不敢买入。而现实往往是，买进价格低的股票之后股价却越来越低。股价高必然有高的理由，而股价低迷也必然有低的原因。盲目地入场"捡便宜货"，并不一定就安全。股价没有绝对的高位或低位，只有相对的高点或低点。面对具体的情况要具体分析判断。

猎人了解狼的习性，猫熟知老鼠的藏身之地。皆因长期的经验所得。孔子在去楚国的路上，看见一位驼背的老人很熟练地用杆子捕捉树上的蝉。就问老者有什么门道。老者告诉他："熟加练习怎么样使用杆子，在捕蝉的时候，虽然天地很大，万物品类很多，我一心只注意蝉的翅膀，从不思前想后，左顾右盼，绝不因纷繁的万物而改变对蝉翼的注意，怎么会捕不到呢！"孔子听了对弟子们说："做事心志不分散，就是高度凝聚精神，大概说的就是这位驼背老人吧!"老者首先苦练捕蝉的杆法,捕蝉的时候集中精力观察蝉的动向。想要做成一件事,找对方法,专心致志,勤学苦练,就可以熟能生巧。

在选取股票的时候,对上市公司的了解是最基本要做的功课。在网络上、报纸上都可以查到相关需要的信息。了解公司的组织结构、生产情况、管理机制、财务状况、资本运作,未来规划,以及公司在同行业的地位等,必要的时候,可以打上市公司公布的公众电话询问相关情况,也可以亲自到上市公司实地考察。一个管理规范,财务状况良好,产品具有市场竞争力的公司,值得我们长期关注。对上市公司深入了解是为了避免"踩到地雷",许多公司财务造假,隐瞒真相,给投资者造成无法估量的损失。如果一个公司最近一段时间在媒体的曝光率很频繁,而公司这时候又同时在积极募集资金,对这样的公司要多一份冷静,不管他们描绘的未来多么美好,都需要警惕,真相是公司现在缺钱。

道听途说得来的消息,一定要识别真伪。市场上最敏感的就是上市公司资产重组之类的消息,一旦消息公布,公司股价都会有不错的表现。因为信息的不对称性,提前掌握信息的人可能会钻空子,所以也是涉嫌内幕交易行为的高发事件。这时候,有个简单的参考方法,如果股价处于高位,就不要盲目追入了,虽然后续也许还会有一定的涨幅,但提前入局者很可能在利用利好消息"出货"。依靠打探消息进行交易的,一般都是短期的投机行为。行外人或初涉者常常依赖这种方法。有时候也会获得很好的收益,但某一次的"消息失灵"就会让以前付出的"辛苦"全部白费。

在没有做空机制的股市中，只有股价上涨，投资者才会获利。股价下跌只有一个原因，就是在不断遭受到投资者的抛弃。至于说有庄家会通过打压股价吸筹，那也说明股价有下跌的空间，才会造成打压。"打压吸筹"应该是很短期的行为，如果说股价长期处于下跌状态，股价屡创新低，庄家也不是吃饱了没事做。打压股价是需要付出成本的，对自己也有风险，如果被其他庄家把筹码买进，岂不是在"为他人作嫁衣"？

有一种投资策略叫"逆向策略"，是以行为金融理论为指导的投资策略，历史的数据表明在股市里，大多数人是亏损的，只有小部分人能长期获得收益。事实证明，"逆向投资策略"是有其理论依据的。巴菲特也说："别人贪婪时我恐惧，别人恐惧时我贪婪。"这也是他几十年投资的成功经验。但在一个大的周期里进行逆向投资需要付出长时间的耐心等待。

交易是寻找"对手盘"的过程，没有对手盘就无法达成交易。国外有个交易人士说过："成功的交易员就是在底部诱导人们把股票卖给他，在顶部说服人们把股票买走。"听起来好像是诈骗，但高抛低吸确实是在股市赢利永恒的方法。我们无法去游说别的投资者，但可以借势达到目的。在交易场上不需要去说服任何人，市场自然会为你创造机会。《孙子兵法》里说："故善动敌者，形之，敌必从之；予之，敌必取之。以利动之，以卒待之。故善战者，求之于势，不责于人故能择人而任势。"善于打胜仗的人，懂得怎样去利用"势"。

市场具有共性，每个股票又有自己的特性。交易者面对的是一个大的战场，同时，又要时刻躲避朝你射来的每一颗子弹。枪声密集的地方一定是战斗最激烈的。渴望胜利的战士会不惧风险，投入到最激烈的战斗中。股票的成交量如同战场上的枪声，上了战场就是为了参加战斗的，到"枪声"激烈的地方寻找消灭敌人和立功的机会。当然，你也可以选择"埋伏"起来等待，但是无法确切地预料"敌人"是不是一定会从这里经过和什么时候才会经过。

行为修炼：

如何进行基本面分析

基本面是指对影响股票市场走势的一些基础性因素。发现投资价值和投资机会，是股票投资基本面分析的目的。基本面分析包括市场整体基本情况分析和个股分析。影响市场整体强弱的宏观经济因素很多，但起决定性的因素是资金面。在社会资源配置中，如果有大量的社会资金持续涌入股市，则会支撑市场持续活跃，股市资金不断流出则会导致市场疲弱。财务指标是对个股基本面分析的基础，常用的分析指标有：每股收益、净资产收益率、市盈率、毛利率、资产负债比率等。特别是净资产收益率指标，从历年的净资产收益率数据分析中可以了解一个公司的基本情况，是上市公司的照妖镜。另外，对公司所处行业的整体发展状况的了解也至关重要。

第十二篇　投资　投机　赌博

投资、投机和赌博，有时候真的没什么区别，有时候却又是完全不同的三个概念。围绕价格波动的交易行为，应该都属于投机行为。为了一个理想、一个信念或是一种认知而发生的交易行为，才称得上是投资。当然，从动机上看都是为了获得收益。

有人说："一切投资都是投机，唯一的差异是有的人承认有的人不承认。"投资在期初很少能看到盈利，更多的是投入。而谈到投机，似乎已经是一个利益既得者了。在交易市场，投机有时候更像是投资的"浓缩版"，更强调眼前当下的利益。

如果看不到长远的利益，只顾及眼前的利害，将来反而会受害。而投资更注重长远周期的回报。所以，无论是投资或投机，皆应以不损害他人的利益为前提，以不违反道德、法律法规为底线。真正的投资应该是双赢或多赢的。

在证券交易中，买入一只股票后，虽然对结果存有预期，但外来是不确定的。既然结果常常无法预料，那么，参与交易的投资者是不是真的如同赌博？在漫长的熊市里，有的投资者甚至抱怨："做股票还不如赌博，赌博有输有赢，做股票只有输！"虽然是发牢骚，但也确实反映了投资者在熊市时对市场的无奈。

赌博是一个概率的游戏，表面上看是各 50% 的概率，让人常抱着侥幸的心理参与其中。赢的时候觉得运气好，输的时候归因于运气差。而证券交易是一个价值发现的过程。运气看不见摸不着，无法预测和把握，而市场的"牛熊"却是可以看得见的，是可以把握的。因此，二者不存在可比性。

不可否认，运气在投资活动中也占有很大的成分。不管你对投资分析多么精通，研究学习多么的努力，业绩才是最终的证明。有时候，你费尽心思研究买入的股票却没有别人随便买入的股票涨得好。特别是当你听到朋友或同事喜形于色地大谈自己买进的股票今天又涨了多少多少，而自己买进的股票却"趴着不动"的时候，你的心态可能会失衡。在运气面前需要保持一颗平常心。巴菲特在疯狂上涨的网络科技股面前无动于衷，也不影响他的投资收益继续保持稳定地增长。当然，巴菲特错失网络科技股的投资是投资理念的原因，和运气无关。得到的才是属于自己的，其他都是浮云。

发现价格以外的附加值是投资的真正意义。确实有物超所值的东西，当你花钱购买了一件商品之后，商品本身已经没有了讨论价值的意义，它以后所有的价值都体现在它所具有的使用价值上。当使用的附加值增加，它的价值会相应地上涨，同样，当它失去使用价值的时候，就是被抛弃的时候。一件古董，本身的价值已经忽略不计，所有价值都体现在它所具有的附加值上。商品如此，股票也如此。假如你以 10 元的价格买入一只股票，它的价值在这个时间点上已经定格在了 10 元，你之所以决定买入，就是自认为提前发现了它的附加值，当越来越多的人发现它的附加值后，就会不断地买入，从而会推动股价不断上涨。

清朝末年红顶商人胡雪岩发现了王有龄身上具有的"附加值"。初识这个进京赶考路上的落难书生，便将替老板讨账要回的四百两白银送给了王有龄。胡雪岩这个"赌注"下得大啊！赌对了，就有盼头，赌错了，人生的后半辈子起码在老家是混不下去啦。幸运的是他赌对啦！王有龄金榜题名，功成名就，返回浙江当了大官，在王有龄的支持下，胡雪岩的生意越做越大，最终成就了大清朝盛极一时的红顶商人。认准的事就去做，尽管结果无法预料，但为了达到目的，就要竭尽所能，所谓"谋事在人成事在天"。即便是失败了，也是人生中的经验。

赌玉，又称"赌石头"，是一种古老的玉石材料的交易方式。以重金买卖可能含玉的矿石，成交以后，一刀下去，有可能出现成色极好的翡翠，买家由此暴富；或者是血本无归。其实，赌玉并没有那么大的"赌性"，一般敢去赌玉的人都是行内的老手，有丰富的实践经验和对玉石籽料相当了解的专业知识，并不是完全靠运气。对于赌玉的人来说，赌的更是他们的眼光。当然，即是"赌"肯定是存在不确定性，对于经常赌玉的人来说，赌错了也是平常的事。常说愿赌服输，在参加这个游戏之前，就应该都有了充分的心理准备。

赌博常常抱着不劳而获的侥幸心理，瞬间突发的赢利让人感到异常兴奋，在大脑的反应区会刻下深刻的记忆。而参与者会产生一种特殊的条理式的幻想，荒谬地幻想这种快感会不断地重复出现，总觉得自己是幸运的。条理式的幻想会无限放大自己的运气和能力，只要一有机会就迫不及待地想参与其中。

一位做钢材生意的公司老板，到珠海出差，客户热情接待，酒喝多后乘兴到澳门赌场去"玩"，结果输了一大笔钱，都是公司的流动资金，公司也因此而倒闭。有时候，仅仅是因为和别人吃了一顿饭，喝几杯酒，听了几句话，就让自己莫名其妙地蒙受了沉重的损失。在利益面前，大多数人都抱有侥幸的心理。

世界十大顶级牌手皮尔森说："对于赌博来说、只有三件事情需要牢记在心：一定要用四/六开的观点去看待任何一个观点；知道如何管理自己的钱；了解你自己。"我们平常都认为事情的结果"不是……就是……"，也就是说"好"和"坏"各50%的概率，但皮尔森却聪明地认为应该用40/60的概率来看待问题。矛盾双方的力量不可能处于绝对的平衡状态，事情的发展总有对另一方有利的倾向，能够发现这个"不平衡"，善加利用，就会提高胜算。好坏各50%的概率应该只是对结果的判断，而皮尔森更看重过程中力量的对决。投资活动更是一个过程的参与，能发现市场上多空双方的

"不平衡"因素对投资决策至关重要，谁先感受到市场的"不平衡"因素，谁就可以在市场上抢占先机。

一旦掌握了某种特殊的技能，就产生了急于去参与实践的冲动。如果你什么都不会，就决定去做某项有点技术含量的工作，那你一定是一个自信心爆棚的人，或者纯粹就是想去撞大运。在电视上看到一个反赌教育的节目，表演者现身说法，在洗乱顺序的扑克牌中，想要什么牌都信手拈来，如同变魔术般令人惊叹。因为练就了这种技术，基本上是逢赌必赢，如果对方赢了一局，那肯定是故意"谦让"的。就是这样一个"赌神"，终于有一天被人发现了破绽，双脚被挑断了脚筋，剁掉了三根手指，结局令人唏嘘。常常说："淹死的都是会游泳的"，虽然说得有点夸张，但不管做什么，不能因为觉得自己掌握了某种"过硬的技术"就为所欲为。

用闲有的资金来参与投资，心态会很好，而拿全部身价参与其中，对盈亏就异常敏感。在每个人内心深处都隐藏着一份赌性，但一定不能沦落成为赌徒。假如你现在只有一万元的本金，如果全部投入到赌博的游戏中，有两种结局，要么瞬间变成两万，要么输光归零。如果输光了，这时，获得赌资的速度和渠道是对一个人的考验。通过自己工作去赚取，可能需要一个月才能获得一万，也就是说要想再参与赌博这个游戏，就必须要等到一个月以后。赌徒往往等不及这个时间，那么，最快获得赌资的办法就是通过借贷，马上就又可以参与到赌博的游戏中。这时候就是灾难的开始。

很多交易者只是打着赚钱的旗号喜欢交易的感觉而已。市场的涨跌带来的刺激对他们有着近乎无法抵抗的诱惑，甚至达到痴迷的程度。一个亿万身家的富豪，在酒会上不停地找机会偷与会者的东西，钱包、钢笔、名贵的手表甚至漂亮的打火机。酒会结束时，他把偷来的东西放在卫生间后独自离去。他并不缺少这些东西，仅仅是喜欢这么做，感受那份"得手"后的刺激。中国的股票市场目前实行 T+1 的交易规则，很大程度上限制了交易的频率，而期货市场则可无限制地进行日内交易，如果不自我约束，很容易陷入过度交易的泥潭。如果仅仅是"为交易而交易"，最好是早日收手。

无论是把市场看作是投资、投机或赌博，进入市场皆为利来。证券公司在欢迎投资者开户的同时，常常会在宣传资料的下方印上"股市有风险，入市需谨慎"。如同香烟盒上都印着"吸烟有害健康"，但吸烟者基本无视这几个字。常常在想："商业广告都是把产品能给客户享受到的好处极尽赞美，然而，是什么样的底气使得证券、烟草等公司重点强调可能会对客户造成的伤害，而对所谓的好处却避而不谈？"一位知心朋友和我谈起她恋爱中的烦恼，因为特别喜欢，所以处处让着男友。有一次，男友做了一件对她来说是很过分的事。她生气地问男友："为什么要这么做？"对方理直气壮地回答："我就是这个样子！"听到这里，似乎明白"底气"是来自哪里了。

在投资中资金发生亏损或回撤是常态，不要因此产生畏惧感，这样会让你丧失信心。"得之我幸，失之我认"的心态是一种处世哲学，更是面对"不确定性"时的一份豁达。

行为修炼：

如何进行技术面分析

股票基本面的分析是解决选股的问题，而对技术面的分析则是解决如何交易的问题。所有的技术面分析要解决两个问题：一是应该在何时买入，二是应该在何时卖出。高抛低吸是在股市中获利的不变真理。衡量股价的高低没有绝对的标准，一只股票在牛市里可能30元的股价就是属于低位，而在熊市中15元的股价可能就是它的短期顶部。在技术分析时，首先要确定自己的交易周期属性。同样一只股票，有的投资者看月线，有的看日线，有的交易者看小时线或分钟线。不同的周期走势得出的分析结果也不同。对交易周期的选择决定了在操作中的个人思路，也直接反映了交易者的心态。有的交易者短线炒成长线，长线炒成股东，都是因为没有对自己的交易周期和股价的波动周期进行合理的定位。

第十三篇　取舍和得失

追求利益是人的本性，所谓"食色，性也"。利益和道德的统一是人们完美理想的追求，违背道德的利益会给你带来更大的损失，因为违背道德而得来的利益，必然触动了大多数人的利益。贪婪和恐惧造成了人们在利益和成本的衡量中失去理智。对待盈亏的态度，体现了一个交易者的格局，对盈亏处理的方法，决定了交易的结果。"取舍"是主动的行为，"得失"是被动的结局。

《周易》："三人行，则损一人，一人行，则得其友。"很多人聚集在一起做生意也好，创业也罢。肯定有一部分人得益，一部分人的利益会受到损害，或者是因为分配不均，这样就产生了矛盾。于是利益受损的一部分人也许就会选择离开。所以，朋友之间在一起合作做生意，首先要求团队的领导者必须有超强的协调能力。

爱因斯坦："宇宙中最强大的力就是复利。"为什么说长期投资才能赚到大钱？看一下本金翻倍的速度就明白啦：第一次本金翻倍需要100%的涨幅，第二次本金翻倍需要50%的涨幅，第三次需要

33%，第四次需要 25%，第五次需要 20%……越往后你原始本金翻倍所需要的涨幅越小。而一轮牛市往往在最后会疯狂地加速上涨。这就是复利的力量。

在股市里，很多交易者能承受亏损，面对盈利却非常不安，束手无策。有的急于落袋为安，时刻怕煮熟的鸭子飞走；有的眼睁睁看着盈利最后又变成了亏损。皆因没有一套属于自己的交易系统做指导。发生盈亏，特别是产生巨大盈亏的时候，会让我们的大脑记忆深刻。当历史再次重演的时候，大脑的记忆区就会浮现出以前的记忆，从而明白不能再重蹈覆辙，这就是经验的作用。常在同一个地方绊倒的人，只能重新选择一条可以安全行走的路，一种交易方法如果不适合你，只能重新去寻找另外适合自己的交易方法。

很多传奇的交易员的经验都来自对盈亏的感悟。传奇交易员丹尼斯在接受采访被问道："你有哪次交易是令你刻骨铭心的？"丹尼斯说"有一天我做了一笔特别糟糕的交易，亏钱以后急于翻本，结果连续出现了亏损，到交易结束已经亏掉了三分之一的本金。从那以后，我学会了一点：当交易中遭受亏损，感觉很糟糕的时候，最好早点离开市场，休息一下，不能深陷其中。现在想起来，如果当时我有自己的交易法则，那么我就不会有如此惨痛的经历。"

"不为物所累，看轻得失，以豁达的心态面对人生。"常被视为智慧豁达的人生观。而在资本市场恰恰相反，一旦踏入交易市场，必须重视得失盈亏，时刻总结反思，吸取教训，才有可能获得成功。

如果对微小的损失不够重视，则有可能会发展成惨重的亏损。没有谁会100%地对行情判断正确，发生错误的时候，确定一个可承受的亏损值，或明确一个重要的技术点位。把亏损控制在一定的范围，可控的亏损是日后盈利的保障。

《周易》中的"益卦"和"损卦"的卦象正好是相对应的，但在具体的爻辞中"益卦"不全都有益，而"损卦"也不全都是损失。这两个卦，很辩证地诠释了"益"和"损"的相对性。在一定的情况下"益"反而是灾祸，而"损"在有的时候却是"大吉"。如"损卦"中的上九爻辞原文是："弗损益之，无咎，贞吉。利有攸往，得臣无家。"而"益卦"中的上九爻辞原文是："莫益之，或击之，立心勿恒，凶。"做对别人有所帮助、有利的事，即使自己受到点眼前的损失也是吉利的。如果只顾及自己的利益，而从来不把别人的利益放在眼里，迟早是会大祸临头的。《周易》讲的应该是一种哲学思想，并不是专门用来占卜的。在资本市场上一些上市公司只知道向投资者"圈钱"，玩弄资本游戏，不实实在在地去好好经营公司，投资者和股东得不到一点利益。这样的公司迟早会遭到投资者的抛弃。同理，一个总是自私自利的人，迟早会被周围的朋友和亲人所抛弃。

人们之所以看重得失，因为在乎。佛家讲"四大皆空"，所以真正的修佛之士把物质的得失皆抛于心外。那么，修佛之人是不是心中"空空如也"了呢？其实也不是，不然人活着和死去也没什么区别。他们更追求"心"的修炼，追求"大光明"，追求"涅槃成佛"。所以佛教有"戒律",对他们来说，守住戒律就是得，违犯了戒律就是失。"得失之心"是人性使然，无法回避，只不过不同的人对得失的衡量标准也不同。

《心经》："以无所得故，菩提萨埵；依般若波罗蜜多故，心无挂碍。无挂碍故，无有恐怖，远离颠倒梦想，究竟涅槃。"佛家讲出世之道、讲出离心。在股市里能够忍受亏损的痛苦并不是一件好事，对事物过程的掌控必须遵循客观的规律，对事物的结果要抱着坦然接受的心态。该止损就止损，该获利了结就获利了结，远离颠倒梦想。如同禅师所示："该吃饭就吃饭，该睡觉就睡觉。"也是一种修行。

假如你现在只有十万元的存款，如果全部用来投资股票，肯定是寝食难安，时时会关注股市的涨跌，因为你把"全部身价"都押了进去。而一个亿万富豪也拿十万投入了股票，他可能对股市行情看都不看，甚至说不定心里早已忘了有这回事。有的人看见赚了蝇头小利就急于落袋为安，有的人在股市里赚了几倍都觉得无所谓，皆因心态完全不同。所以，合理地配置个人资产用于投资的比例，用"赔得起的钱"来投资是最佳方案。这样，在得失之间保持一份理智和豁达，就会以良好的心态去面对。

很多股票在一个微小的价格区间内"沉睡"多年，当"叫不醒一个装睡的人"的时候，很多耐不住性子的人就会选择离开。突然有一天它"醒了"。当很多人以为它最多又是翻个身，然后还会接着睡的时候，它的股价却已经一飞冲天，让人望而兴叹。交易如同人生，充满了遗憾或惊喜。

一旦被得失心左右，就无法专注地完成好一件事，或者会铤而走险去尝试做自己不擅长的事。"看淡得失"并不是任由手中的股票涨跌都不予理睬。进行投资的目的本来就是希望"有所得"，正确的心态应该是"不计小失防大失，看淡小得求大得"。日常中，我们伸出去的手只要感觉到疼痛就会马上缩了回来。而真正的搏击就像拳击比赛中的拳手，被对手无数次击打后，还能顽强地站着。合理而灵活地躲避对手的袭击是优秀拳手必备的技能，躲闪是为了更有力地把拳头打向对方。当被对手逼到角落里，无法躲避的时候，为了能在最后赢得比赛的胜利，必须去承受对手雨点般的拳头，然后，再找准机会，反戈一击。

有的人不在乎盈亏，只在乎自己的选择。"固执"有时是一种可贵的坚持精神，但有时在别人眼中明明就是"最简单的愚蠢"。当规劝一个"固执者"无功而返后，常会以形容对方走火入魔来安慰自己的挫败感。

持有一只"军工"概念股票的老张是一位"军事迷"，世界上哪个国家拥有什么最先进的武器，老张都"了如指掌"，一谈到军事，其他人根本插不上嘴，只能用不断地点头和"崇敬"的眼光对他表示赞许。老张经常大谈现在的国际形势如何紧张，国与国之间暗中的军备竞赛如何激烈。只要有老张在的场合，大家讨论的话题总是被他成功地转移到军事领域。他持有的这只"军工"概念股最多曾经赚了 5 倍，最低亏损过 50%，但都没有抛售过。他的快乐源是军事，买股票可能只是他理想世界的现实寄托。对老张来说，中国新航母成功试航的"得"，远大于在股票上亏损的"失"。

当你在痛苦地对别人讲述你的不幸的时候，那个笑着安慰你的人可能正在经历着比你更大的不幸。在得失之间，不要怨天尤人，懂得取舍，能做到"不以物喜不以己悲"才是真正的洒脱。正如佛家开示："可以接受一切，可以享受一切，同时，随时准备放弃已拥有的一切，这就是真正的'出离心'"。虽是尘外人，却道尽尘世事。

行为修炼：

制作收益曲线图

大多数投资者不会对盈亏做详细的记录，或者会认为心里明白赚多少和亏多少就可以了。制作收益曲线图主要是为了和市场的整体走势做比较，如果你的收益曲线图和同期市场走势曲线吻合，说明只是获得了市场平均的投资收益。如果高于市场走势曲线，说明获得了超额的市场回报，说明选股思路和操作方法都比较正确。而低于市场同期走势曲线的收益曲线，则需要从根本上找到原因，总结经验，改善交易方法。

第十四篇　贪婪和恐惧的游戏

不管你是属于投资者还是投机者，趋利避害是人的本性。所以，对待发生的事情，我们首先会站在自己的角度权衡利弊，对近期有什么影响？对长远又有什么影响？不管是有意识还是潜意识，都会考虑到这些因素，从而反应在言行上。当人们在评论一件事的时候，从语气上基本可以判断出其内心真实的想法。由于从众心理，在股票上涨的时候，人们追随买进，在股票下跌的时候也跟着抛售。很多投资者并不知道市场发生了什么，只是看到周围的人在那么做，于是也就跟着去做了。贪婪和恐惧是产生波动的根源，是股市中的常态。

商品的价格最终取决于在某个市场下的需求关系。大多数时候需求关系相对都是比较平稳的，当"需"和"求"之间的关系发生不平衡的时候，价格就会产生大幅度的波动。善于做生意的人，具有捕捉发生这种"不平衡"的能力。因为信息的不对称，价格的变动的滞后性，聪明的商人会利用这种通过专业或偶然得来的信息，获取丰厚的利润。掌握信息是一种优势，但随着社会传播信息的网络越来越发达，拥有资源和组织资源的速度成为关键。

目标物数量不变的前提下，资金的流向决定了价格的趋势。除非供应量的增加或替代品的出现才能平衡价格。资源的短缺就会造成价格的上涨。有些东西并非真的短缺，只是集中控制在某些人或某些利益集团手中，致使他们可以控制价格，操控市场。

在 2008 年原油涨到接近 150 美元/桶的时候，整个世界都陷入了石油短缺的恐慌。全世界的科技力量都在努力探索石油的替代物，防止有一天石油这个词会成为"历史名词"。电动汽车、太阳能、核能等相关的科学技术从那个时候得到了快速发展。而事实是，半年后石油价格就跌到了 35 美元/桶左右。2020 年初甚至出现了 5 美元/桶的报价，美国纽约的期货市场竟然出现了负 37 美元的荒唐价格。资本在投机的领域中，只有人们想不到的，没有它做不到的。看不见、摸不着的比特币，在 2019 年疯狂上涨到每枚 4 万多美元。牛顿他老人家如果还活着肯定会感到很自豪，因为他说的那句"无法预测人性的贪婪"的话，又一次得到了验证。

制造热点的过程，就是为了引发投资者感觉市场供应紧张的情绪，对后市的股价看涨，使得手中持有股票的投资者在目前的价位产生惜售心理，市场上股票数量供应不足，随着"资金流"不断流入，股价会快速走高。在没有任何消息的情况下，"涨停板"就是制造热点的惯用手法，"涨停板"可以吸引市场上短线资金的目光，从而引发大量的跟风盘。

相同的利益关系会形成一种无形的利益共同体，而不同的行业和不同的阶层又有不同的利益诉求，从而形成错综复杂的社会力量。分析每种力量对市场的心理反应的强弱，对研判市场未来的变化有很大的帮助。图形和技术指标都可以骗人，唯有手中的筹码无法骗人。有经验的投资者，从日常盯盘之中就能发现庄家收集或抛售股票的蛛丝马迹。市场上流通的股票在某个时间点上供应量和资金的参与度是有限的，他们之间力量的不均衡，就造成了价格的波动。

一只股票的"持股集中度"反映了这只股票是否受到了大资金的关照。在证券公司的交易软件上基本都能查到数据。持股集中，如果此时股价处于低位，而且成交量低迷，在上市公司基本面向好的情况下，大资金一般是中长线投资的思路，收集到的筹码是不会轻易抛掉，市场上可流动的股票有限，股价容易拉升，此时，持股待涨的胜算比较大。如果股价处于高位，成交量放大，换手率很高，此时要谨慎对待，特别是在成交量放大后股价又没有继续上涨，说明股票的供应量增加，大资金择机撤离的概率加大。

越小心翼翼去做某件事的时候，反而常常做不好。一个在脑海里完全没有想到过的结局，反而就是事情的结局。当一只股票涨得很高，你害怕买入的时候，也许还没到最高点。想一想：在你害怕的时候，其他人也在害怕，大家都害怕，那么是谁在买入呢？

贪婪和恐慌是可以"传染"的。人类的群居性使得相互之间产生攀比、模仿等行为。特别是网络信息急速发达的现代社会，一些利益攸关的行为或情绪会被大量快速传播、模仿。如果发生在经济领域中，就会引发抢购或集中抛售等极端现象。市场在贪婪和恐惧的游戏中成就了成功者，也惩罚了失败者。如果想参与这个游戏，必须要具有足够强大的内心。

心理学在投资领域常常不被人们了解、不为人们所重视，但它却是影响市场至关重要的一个因素。因为心理学能够解释我们在投资中可能出现错误的原因，了解其他人怎样影响你的投资决策，同时，还可以有助于我们了解自己应该采取的行为。

国家的宏观政策是具有连续性和阶段性的。从长期看，政策的持续性会集中引导社会资源流动的方向，而阶段性的政策，又具有调控节奏的作用。资本市场的表现和国家的经济状况有密切的联系，国家的经济政策对资本市场有重要的研究意义，看《新闻联播》炒股并不是一个笑话。

在具体交易中，可能不需要过分强调这些关于政策、经济数据等因素对市场的影响，但你脑子深处一定要有他们的影子，这些影子无形中会对你的交易做出提示。主力资金一般不会和国家政策作对，而是会针对性地研究国家经济政策对资本市场带来的投资机遇。通过股市对国家政策的反应能力，还可以判断市场是处于什么状态。如果国家出台的政策对股市来说是很大的利好因素，而股市的反应却不积极，说明目前股票市场处于熊市状态。相反，如果有对股市有不利的消息，而股市却只是经过短暂的休整后又继续上涨，说明目前市场处于牛市状态，仅仅是被"打乱了上升的节奏"。

金融危机，恐怖袭击，瘟疫疾病，食品安全，核威胁，战争摩擦，自然灾害等，这些突发的危急时刻威胁着人类的生存安全。在突发的灾难面前，即使在高度发达的现代社会，人类也显得脆弱不堪。突发危机带来了灾害，对现有的经济社会或多或少会造成冲击，会使很多现有的投资活动和计划受到伤害，但同时也产出了新的商业机会和新的投资机会。

突如其来的变故，打乱了市场原有的步伐节奏，有的锦上添花，有的落井下石，有的逆袭反转。好多事情只能用命运来解释。面对突如其来的变故，快速反应能力是对一个人综合能力的考验。突发事件造成的结果是不确定性的，没有人知道，这个突发的事件是暂时的，还是会持续很久。会对现有的秩序造成多大的影响也是未知数。只能凭历史的经验来做出预估，从而指导行动，快速地应对。

人们常常选择性地忽略那些潜在的真正的风险或机遇，而斤斤计较于一些稀松平常的微小得失。因为大的风险几乎涉及一个庞大群体的利益，身处其中的每个人都是私利心在作怪。风险一旦被揭露，会形成群体逃逸效应，这会让有些人损失现有的利益。知道风险存在的人往往都是这个领域中的一员，甚至是领导者。为了保有利益，对潜在的风险宁肯选择视而不见，保持沉默。问题日积月累，积重难返，终于在某个时间点形成了爆炸性的"突发事件"，这种人为造成的"突发事件"本来是完全可以避免的。

　　因为自然灾害或未知因素造成的突发事件，对社会体系造成的损失是无法估量的，因此产生的恐慌效应将波及生活中的方方面面。由于群体心理的敏感性，资本市场会最早做出爆发性的反应。《海龟交易心法》里有一章是讲"向急诊医生学习"，其中引用了医学博士泰德·帕特雷的一段话："进行交易时，你不知道未来的结果如何。在急救医疗中，你也不知道结果如何。因此，你无法试着去预测或强迫某个特定结果的出现。你必须当机立断，并且要时刻做好准备，以适应出现的新情况。"在急症室里，急症病人及家属因恐慌而手足无措的时候，医生却很冷静地面对这些，如同交易员每天都面对涨涨跌跌的市场，早已习以为常。

　　在一个视频中，一位中年男子痛哭流涕地对记者述说着他的不幸，因为遭受了洪水袭击，新建的工厂一夜之间被摧毁。半生的积蓄和借亲朋好友的资金化为乌有。视频评论区有一片同情和鼓励的留言。是的，此时别人能给予你的"帮助"仅此而已。如果心中有风险防范意识，购买了相当金额的财产保险，损失就会降到最低。但世上没有后悔药，人生中没有假如。

　　如果不幸成为在突发事件中受到损失或伤害的倒霉者，只能尽最大的努力去减少损失，可能"命该如此"吧。既然已经发生了，就积极应对，说不定也是生活的一次考验。当一只羊正在悠闲地吃着草的时候，突然扑过来一只恶狼，羊的第一反应肯定是逃离，但朝那个方向逃跑，就要看羊的经验和智慧，有的路是死路，有的路是可以逃命的生路。

资本市场在遭受了突发的灾难后，第一反应大多是恐慌性的暴跌。这属于市场的系统性风险。"大家都在一条船上"，没必要过于惊慌。市场常常会在事态稍有好转时，快速得以修复。而且，因为在恐慌的暴跌中，由于进场捡便宜货的"救市资金"的介入，反而会出现一波不错的行情。在牛市中，突发事件的影响市场如同得了一次"重感冒"，过后还会沿着原来的步伐前进。在熊市里，可能会加速市场的见底时间。"祸兮福所倚，福兮祸所伏。"

市场往往"熊长牛短"，在从事投机交易的时候，轻松赚钱的机会很少，市场经常处于动荡之中，大多时候交易者都是在痛苦和压力中挣扎。佛说：尘世间乐少苦多，因为放不下。在利益和欲望的驱策下，交易者会穷竭生命的力量去寻求理想中的获利良机。在适当的时候应该静下来，不要痴迷于其中，多陪伴一下家人，和亲朋好友欢聚，做一些交易以外自己爱好的事，生活是丰富多彩的，不光只有交易。

行为修炼：

如何寻找热点

中国的文字表述很有意思，把投资股票叫作"炒股票"。我们知道炒菜需要火，有的菜需要猛火炒出来才好吃。炒股票的"火"就是热点，市场上的热点可以吸引资金参与的热情，从而使股价不断抬高。热门股票在涨幅榜上有很好的体现，所以，查看涨幅榜中涨幅靠前的股票是否有题材相关联的板块形成。另外，从媒体上也可以了解到市场关注的热点。主力资金拉升一只股票会从涨幅上吸引投资的眼球，也会通过媒体来渲染气氛。但是在媒体大肆渲染热点的时候要保持足够的理性，特别是对涨幅已经很高的股票，毕竟只有那些希望能卖个"好价钱"的商家才会大声地吆喝。

第十五篇　交易系统——要去打猎
先准备好你的枪

　　"工欲善其事，必先利其器。"这里的"器"我们可以理解为一种工具、一件武器、一个指标、一种方法、一个规律……如果你明白交易系统的重要性，那么身处资本市场之中，你手中就已经有了"器"，有了"枪"，能不能收获到"猎物"，那就要看"枪"的性能和个人的运气了。一个专业的基金经理必须拥有一套属于自己完善的交易系统，如同正规部队都拥有装备精良的武器。在生活中，如果我们只是在很抽象的层面上谈论问题，那么，我们可能根本无法表达清楚自己的意见。只有具体到方法上，才会对解决问题有实质性的帮助。

　　因人而异，每个人的交易系统都有自己的标准。以前在网络不发达的时候，股民都需要跑到证券公司看行情并进行操作。证券公司门口看自行车的老太太，在门前冷清，存放的自行车屈指可数的时候买入股票，在热闹非凡、人声鼎沸，证券公司门口存放的自行车都无处摆放的时候卖出股票。如此几年下来获益颇多，这也是她的操作系统，门前自行车的数量就是她的指标。

在一个纪录片中，展示了一群狼在冰天雪地里是如何通过围追阻击，把数量庞大的羊群赶进了冰窟里，直到羊群全部被冻死在冰窟里，四周悄无声息的时候，狼群才心满意足地离去，这是它们为来年春天储存的食物。狼群在头狼的带领下，排兵布阵，发动攻击，按预定的线路驱赶羊群，迫使羊群一步一步进入它们设好的陷阱。使我们不得不佩服自然界里动物们为了获得食物而天生具有的手段和策略，以及为了共同的利益相互合作的精神。我们在盯盘的时候经常会发现很多股票的报价有大笔的买单托盘或是大笔的卖单压盘，价格如同被赶的羊群向一个方向移动，这时很多交易者是否已经落入了类似的圈套？

你拥有的交易系统有时候适合当前的市场，有时候则不适合。有的人为什么会反复几次在资本市场中大起大落？甚至极端到"破产—东山再起—又破产—又东山再起"。他有自己的交易系统，不管是有意而为之，还是天生固存的意识。他总会执行自己的那套交易系统。在市场配合的时候就会获得巨大的成功。相反，遇到不适合他的交易系统或交易习惯的市场，而他又没有及时收手，那么就会遭受巨大的损失。所以，在遭受了几次反复的失败后，及时收手尤为重要，不要被市场的不配合所激怒，从而意气用事。

对于普通的投资者来说，在证券市场里制定策略都是被动的，我们常常说"如果是……那么就……"，因为在行情面前我们没有主动权。主动权掌握在雄厚资源的人手里，首先不得不看的就是上市公司的"脸色"。我们无法左右一只股票的涨跌，只能根据市场的状况制定相应的应对策略。如同在战场上，发号施令指挥战斗是将军的事，我们只能做一名执行命令的小卒，这就是残酷的现实。

交易策略按时间一般分：长期策略，短期策略；按性质分：做多策略，做空策略。按分析方法分：基本面分析策略，技术面分析策略等。市场非涨即跌，这些策略有用吗？在制定策略的过程中，可以让你对市场现实的逻辑关系有大体的了解，看清市场，了解市场目前所处的"境地"，明确自己所希望达到的目标，在面对行情时就不至于六神无主。在相应策略的指导下，就可以制定相应的交易系统。思路决定方向，格局决定周期，管控决定盈亏。

如果说预测是对未来的判断，策略是对将来的规划，那么交易系统就是解决当下的问题。一套完善的交易系统应该明确地告诉你"现在该怎么做"。很多专业的书籍都有详细的介绍。最典型的有：价格突破买卖法，波段操作法，均线操作法，江恩理论等许多方法，这些方法都是从股价走势的技术层面来指导买卖行为。每种方法都有一定的缺陷和短板，比如"价格突破买卖法"，经常会碰到"假突破"，主力利用投资者恐慌或乐观的心理，常常使用"假突破"骗取筹码，需要在突破后继续跟踪观察。但如果能抓到一次真正的突破，获利也会相当丰厚。所以，各种方法在实践中相互应用，融会贯通，会对交易有很大的帮助。

一套实用的交易系统，应该始终以"价位"作为管控对象，通过对成交量、时间周期、波动幅度等因素对价格活动的影响程度进行分析判断，目的是对交易中的买进、持有、卖出行为做出明确的提示。在诸多因素中，成交量的指标应作为首要因素进行分析，每次成交量集中放大的价格区域都应该作为重点区域记录关注，大的成交量意味着高换手率，说明在该价格区域市场分歧加大。从而形成重要的支撑价位或阻力价位。

交易系统的编制需要有长期的实践经验，并且需要利用历史数据反复验证。股价的均线就是股价历史数据的体现，虽然均线不能决定股价明天的走势，但通过它可以简单明了地看到股价的历史表现和目前所处的状况。股价是处于上升通道还是下跌通道，通过对均线的观察都一目了然。每个周期都有各自的均线系统，如年线、周线、月线、日线甚至几分钟线等，哪个周期最适合你，就从哪个周期入手。不管多么复杂的交易系统，表现形式都应该是简洁明了的，而且给出的提示必须是"唯一性"的。

在应对解决问题的方法上，同样的问题，有很多解决的办法。当我们看到别人的很多"奇思妙想"后，不得不感慨，世界之大无奇不有，聪明人比比皆是。"这个办法太奇妙了，为什么我没有想到啊？"甚至让我们怀疑自己的智商。发现很多"新方法"常常具有一定的偶然性，但也是长期熟能生巧的结果。所以，再三强调保持变通性的重要，"条条大路通罗马"，选择最近的路是聪明的决定。"一条路走到黑"，并不一定能走回家。

交易系统是否有效，取决于市场的表现是否配合。如果市场配合（即有效市场），就是一次利用交易系统成功的交易，如果市场不配合（即无效市场），那么就出局观望。市场或个股的不确定性，要求交易者始终遵循自己的交易系统，即便是一次亏损的操作，只要符合自己的交易系统，也算是一次成功的交易。因为交易系统不光是明确怎么赚钱，还应该包含了失败后止损离场的要素，盈亏同源，亏损是交易的一个部分。

为什么一再强调要建立自己的交易系统？其实不光是做交易，各行各业都有各自的规律和规则，要想在一个行业中成功，必须熟知并能很好地利用和应用这些规律和规则。有人说，赚不到认知以外的钱，但有时候交易投资要赚到大钱，赚到超利润，往往就是因为你赚到了认知以外的钱，同样，发生巨亏也亏在发生了你认知以外的情况。那么，这时候靠什么呢？只有靠完善的交易系统，并能很好地执行它。

世上根本不存在完美的交易系统，每一种方法都存在缺陷。即使是按照交易系统来操作，犯错率也可能会很高，甚至错误的时候远大于对的时候。在市场处于无效状态下，最好的办法就是减少交易次数。如果你的交易系统经过历史验证是有效的，那么即便是犯十次错误，一次正确的交易就可以把十次错误的损失弥补回来。交易系统应该能保证盈利大于亏损，否则，就要重新审视自己的交易系统，它可能是个糟糕的系统。如同去打猎，你射出去十发子弹，其中有一发命中猎物的话，晚上就有烤肉吃了。如果十几发子弹打出去都没能射中目标，那么，你需要回去重新好好练习你的枪法。

市场常常会犯错误，如同故意和投资者开玩笑、捉迷藏。当你感到失望，觉得市场脱离了轨道的时候，它却又返回到了系统的轨道上。我们姑且把这种现象称为"系统偏差"。应对"系统偏差"的办法是设定一个安全边际的"偏差系数"，因人而异，设定一个可承受的范围值。好像牵着一条宠物狗遛街，你无法知道下一秒它会跑向哪个方向，但你可以选择拴狗的绳子的长度，把狗控制在一定的活动范围内。容忍一定的"系统偏差"，在交易中保持适当的灵活性和变通性。

心理因素是能否很好地执行交易系统的最大障碍。投资者的经验常常也会被市场利用，十次有效的经验可能会因为一次的"这次不一样"而遭受重大的损失。搭建交易系统的目的就是一切以交易系统为操作指导，克服任何的心理因素和经验因素的影响，客观地跟随行情。程序化交易系统可以很好地做到这一点，但在市场处于震荡的时候是对程序化交易最大的挑战。

忽略了资金管理的交易系统，不能称得上是完善的。有的基于技术上的交易系统，成败的关键往往取决于适当的资金管理。高级的交易系统是基本面分析、技术分析以及资金管理和投资组合通过一定的逻辑关系搭建而成的。

通过构建交易系统，手中的"枪"有了，关键就要看"握枪的人"。在战场上，如果面对敌人，握枪的手一直在抖，怎么能瞄准敌人射击呢？拥有交易系统是简单的事，在交易中，心态的磨炼才是真正的王道。当你熟知各种方法，对自己的交易系统运用自如后，就会发现面对市场的时候，心里已经有底了，不再感到迷茫和困惑。

行为修炼：

开盘前的准备工作

在开盘前多问自己几个问题。是否有对市场重大影响的事件发生？如果有的话会对市场产生什么样的影响？手中的仓位是否足够安全？如果上涨了该怎么办？如果下跌了该怎么办？人们在慌乱中容易做出错误的行为和判断，优秀的交易员在开盘前就都已经做好了应对的准备工作。"功夫在诗外"，如同武林高手之间的对决，在出手前胜负已定。

第十六篇 遵守规则——找一个能够
监督你的方法

"知道怎么做"和"怎么去做"是两回事情。有时候，完全没有关系，甚至明知道"应该这样做"却"偏要那样做"。制定了规则，如果不去遵守，等于没有规则。由于惰性和情绪的波动，在缺乏约束的环境下，常常会把交易规则抛之脑后。侥幸和患得患失的心理始终会干扰你的行为。

一套完整的交易系统应该是：具有逻辑性地明确规定了进场和退出的方法。如果你制定了一个经过反复验证，成功率极高的交易系统，并开始应用到实际交易中。一旦价格进入系统区域，便是你开始行动的时候，至于说价格会不会继续沿着系统持续下去，无法预知！你只是知道持续下去的概率会增大，其他的事就交给命运了。如果盘中走势突然又偏离了轨道，你也没必要临时重新审视和怀疑自己的系统，应该果断地按系统的提示执行操作。交易场上随时都会出现交易价格走势图形的骗局，当你对这种骗局习以为常了，就不会觉得大惊小怪。在交易中做到标准统一和坚决执行尤为重要。

交易结束之后，如果觉得自己制定的系统有不足之处，找到原因所在，并加以改进。当对交易规则做到顺其自然，如同开车的时候一样，该转弯就转弯，该加油门就加油门，该踩刹车就踩刹车，一切平常自如，那么交易自然也就会胸有成竹。

巴菲特的朋友也是事业上的合作伙伴芒格，在一次和投资者的交流中引用了新加坡总理李光耀说的话："找到什么是行之有效的，然后就去行动吧！"我们身边聪明的人比比皆是，成功的人寥寥无几。规则和方法都写在书本上，记在了脑海里，能够遵照执行的却是难上加难。"下次一定会"或"明天一定会"成了可以解脱的最佳安慰。制定规则就是为了制约和指导我们的行为。哲学家桑塔耶纳说过："忘记过去的人注定会重蹈覆辙。"当你反复犯同样的错误，规则形同虚设，那么你至少在目前不适合参与交易的游戏，不要有任何托词，尽快先离开这个市场。

看到过一个对期货交易员的采访笔录。这位交易员在某次期货大赛中获得了很好的排名，在接受采访的时候对记者说："有时候因为没有按照自己的交易规则执行交易，发生了亏损，会一个人待在房间里，狂扇自己耳光，用这种方法来惩罚自己。"可能很多人看了会笑，但那些长期专业从事期货交易的交易员看到这里，也许泪水已经模糊了双眼。

在你对市场感到恐惧的时候，也许是个很好的机会；在觉得安全舒服的时候，说不定你已经步入陷阱的边缘。金融领域的交易很多时候都是反人性的。所以，做到自律非常重要，如果自己无法克服自己的弱点，那么就找一个可以监督你的人来监督执行。大部分专业的基金公司或投资公司都明确地设有风控员岗位，监督交易员的账户风险情况。一旦越过风控线，就会被强制平仓。

《情感与思维：偏好无须推论》一文提道："某些情况下。我们常常会自欺欺人地以为，自己的行为方式是理性的，然后再按照这样的模式去判断事物的是是非非。但是，事实却往往并非如此。在更多的情况下，'我决定支持某某方案'往往和'我喜欢某某'之间并无二样……我们购买自己喜欢的汽车，选择有吸引力的工作和住房，然后再去寻找种种原因证明自己的选择。"我们往往带着感情色彩去做某件事，因为喜欢或不喜欢，所以才有做得好和做得不好的结果。

如果在市场上感觉令人舒适，可能事情正在按你的设想发展，股价在按你的预测方向运行。如果相反，情况让你感到不安、愤怒和沮丧，而你又对此无能为力，固有的思维和偏好会阻碍你做出新的选择，你应该去寻求帮助，这没有什么好丢脸的，而不是不断地替自己寻找合理的理由和解释。通过和别人交流，你也许突然就豁然开朗，明白自己应该怎么去做了。

在规则面前，如果自己无法做到按章办事，就找一个可以监督你的人来强制执行。负责任的老师不光教授学生知识，还会监督学生的行为。国家不光制定了法律，还有公安、纪检等行政部门监督管理，违法就会受到惩罚。没有监督机制，又缺乏自律，在错误中一次一次地原谅自己。放纵的结果就是永远达不到成功的目标。

如果无法做到"主动性管理"，只能采取"被动性监督"。假如一个女人想减肥，可是每当看到美食，舌尖上的味蕾就被挑逗起来，不管不顾先饱餐一顿再说，减肥的想法在此刻已经是明天再考虑的事。如果让自己的父母或男友做监督，情况就会改善很多，规定一些相应的奖惩办法则效果更佳。许多试图改变现状的愿望，都需要克服现实的诱惑，要想战胜人性中好逸恶劳的弱点，需要顽强的意志力和坚定的目标做支撑。

《鬼谷子》养志："养志法灵龟。养志者，心气之思不达也。有所志存而思之。志者，欲之使也。欲多则心散，心散则志衰，志衰则思不达。故心气一则欲不惶，欲不惶则意志不衰，意志不衰则思理达矣。理达则和通，和通则乱气不烦于胸中。"养志应该效法灵龟。要培养意志，是因为"心气"在思考过程中运行不畅达的缘故。人会有各种欲望，并立志要去实现它，所以，志是在欲望的驱使下形成的。欲望多，志就多；志多，心思就会分散；心散，意志就会衰弱；意志衰弱，思考就不畅达。所以，能使"心气"保持纯一的状态，欲望就不会恣纵；欲望不恣纵，意志就不会衰弱；意志不衰弱，思考道理就顺畅通达了。道理顺畅通达，人的身心就会和谐而通贯；和谐而通贯了，那么乱气就不会在胸中烦扰。灵龟不善动是本性使然，要让它动起来，除非让它感觉到危险或受到食物的诱惑。"天下万物，一物降一物"，想要做成一件事，总会找到解决的办法和途径。

不自律是因为对事情产生的后果感到无足轻重的表现。"多么痛的领悟"是歌曲《领悟》里的歌词，唱起来有点撕心裂肺，没有切身的经历，感受不到真正的痛。如果感受到痛就能够有所领悟，已是人生中可贵的收获。而在现实生活里，有许多人和事，即便"感受到了多么深的痛"，依然无法能够真正地去领悟。

行为修炼：

避免过度交易

力学的能量守恒定律同样适合于市场交易，市场运行的方向是具有惯性的，有反作用力的情况下才会发生反转。在一个相对稳定的周期里没必要频繁地改变思路和决策，看见蝇头小利就想落袋为安，或者发生亏损就无法忍受而不断止损，杯弓蛇影以及患得患失的心理作用是造成过度交易的主要原因。在一个波动范围小的区间里做高抛低吸需要高超的操盘技巧和熟练的应变能力，有时候为了实现利润的最大化，反而常常会为自己的"聪明"买单。

第十七篇　种瓜得瓜，种豆得豆

如果只是频繁交易，那么，你的仓位在哪里？没有稳定的仓位，财富就无从谈起。交易的目的只是为了获得仓位，赚钱靠的是手中的仓位或筹码，而不是交易本身。

你是想吃一个苹果？还是想种一棵苹果树？吃一个苹果只需要几分钟的时间，而种一棵果树需要等几年时间才能结出果实。当然，并不是种下树苗就完事大吉啦，还需要观察、浇水、施肥、驱虫等，甚至因为没有能成活，不得不重新开始。

餐桌上的食物需要经过播种、收获和加工等许多繁杂的环节才摆在了我们面前。生活中的每件商品都是经过工人在工厂里通过一道道精密的工序，辛辛苦苦生产出来的。如果"金融精英们"坐在舒适的办公室里，悠闲地品着咖啡和茶，然后靠"敲敲电脑键盘"就能赚到很多钱，那么，这可能就是世界上人人向往的工作了。但当你从新闻里看到，很多叱咤风云的金融"大佬"却不得不在监狱中度过漫长的岁月。常有交易员因为发生了巨额的亏损，心理无法承受而选择了自杀。很多交易员有时口袋里掏不出 100 元钱。这时，你还会觉得从事金融交易工作是世上最舒服的工作吗？

如果感觉到无所适从，那么就静下心来学习吧。除非是天才，在投资或投机的领域里没有比先学习更重要的事。向成功的人学习，可以避免走很多的弯路。所谓"磨刀不误砍柴工"。通过系统的学习，赚到的可能不只是财富和时间。知识可以改变命运，这句话在从事投资活动中尤为显得更立竿见影。

当无法确切地观察到真正的因果关系时，不要像赌徒一样做出押宝式的决定。多向专业的人士请教学习是最明智的做法。在学习的过程中，也不要迷信于某一专家的言论，有时候专家的观点和大多数人并没有什么不同，只不过在表述的时候使用了专业的术语。学习参照历史的经验，或站在事物对立面的角度去思考、看待问题，结合当前事物发展中力量的对比，客观地验证事实，形成自己的知识体系，直到你可以利用自己的系统和方法去参与实践。

在长期的系统性学习和训练下，会形成固有的习惯性思维，面对发生的事物就有了相对固定的处理模式。不同性格的人处理问题的方式不同，造成的结果就有差异。当你在交易中形成了一套行之有效的应对模式，在变幻莫测的资本市场里就不会手足无措。知识和智慧可以增强自信。

对于掌握一些有固定程序和模式的技能，比如学习一台机器的操作，学习驾驶汽车的技术等，虽然你不懂这台机器或汽车的原理，我们只要用固定的操作方法勤加练习，就可以得心应手地操作。但对于存在不确定性后果的技能，除了熟悉必要的方法外，还需要多一份悟性，只有明白了其中的原理，才能融会贯通。

都知道"贵州茅台"是只好股票，但又有多少人选择了买入？一位基金经理一直长期在跟踪和观察这只股票，但始终没有买入。他讲述了在观察这只股票时的心路历程：当它的股价涨到 100 元的时候，心里在想："在 50 元的时候我就知道它是只好股票却没有买，为什么却要在 100 元买进？"当涨到 200 元的时候，心里后悔没在100 元的时候买进；当涨到 300 元的时候，觉得这时候买进风险太大了；当它涨到 500 元的时候，认为现在再买进的人不是疯子就是傻子；当它涨到 1000 元的时候，市场上所有的人都在为它欢呼。大多数人都在观望，心里在想："好吧，看你怎么收场？"当它涨到 1500元的时候，人们开始猜测它是不是会涨到 3000 元。

那么，一只股票的股价到底多少才是合理的呢？答案是："不知道！"由市场说了算。有人说是庄家说了算，不能否认，所谓的"庄家"有时候确实可以影响或控制一个公司的股价。但如果是违背市场规律的行为，最终都会输得很惨。

当你的交易系统搭建完成后，开始尝试进入实战阶段，首先面临的问题就是选取目标物，即选股。面对几千只股票，你决定买入什么？在什么时候买入？首先最好先建立自己的股票池，通过你的选股标准，把符合条件的股票整理在一起。选股一定是先从基本面的角度出发，脱离基本面的选股思路如同赌博。这样，它们就成了你的跟踪观察对象。经过一段时间的跟踪，对股票池里的股票的"股性"就比较熟悉，再出现同样的走势，就可以考虑出手。

除了大牛股，大部分股票的股价都常常在一个区间内运行，跌到某个价位就会遇到支撑，股价就不再往下跌了，涨到某个价位也很难突破上去。所以，跟踪了解股价的历史走势具有很重要的参考价值，喜欢做中短线的投资者可以在这个有效的区间不断做高抛低吸。一旦股价有效突破这个区间，就要引起我们的警觉，股价可能向更高或更低的区间运行。股票池如同餐桌上摆在你面前的菜单，"今天吃什么？"哪只股票进入了你的交易系统？合你胃口时，就喊一声"翠花，上菜！"

对于股票池的管理也要及时更新，根据市场热点和股性的活跃程度及时做出调整。把股性不活跃的股票暂时剔除出去，将近期在市场上活跃的股票及时纳入观察对象。以前在工作室的一位同事工作十分认真，每天都要把涨幅前 300 名的股票走势看一下，从中选取合适的观察目标。"机遇总是留给有准备的人"。

关注每一个成交量的密集股价区域，那里可以了解到资金的动向，每个资金密集区域反映了市场意志，很容易形成股价的支撑位或压力位。到底是行情造成了大的成交量，还是大的成交量成就了行情？这个问题如同"先有的鸡还是先有的蛋"一样难以回答。大的成交量意味着股票的换手率增加，换手率增大而股价不再继续上涨，往往是行情短期见顶的信号。由于中国沪深两市目前是单边市场（只有做多才能赚钱）的原因，往往股价在突破压力位的时候一般需要大的成交量配合，而向下突破支撑位时则不需要很大的成交量。

假如把股市比作一个养猪场，养猪场里有饲养员、草、猪和屠夫。饲养员用草把猪养大养肥，然后屠夫把猪杀掉吃肉。在养猪场里如果让你选取角色的话，肯定是选择屠夫或饲养员，但在股市里很多中小投资者却在不知不觉中充当了"草"和"猪"的角色，常常在底部被割掉或在高位被套牢。而上市公司和专业的、资金雄厚的主力资金无疑是充当着"饲养员"和"屠夫"的角色，他们是"割草"和"吃肉"的人。比喻虽然有点不恰当，也比较残酷，但如果能读懂并理解了资本市场上的"养猪论"，思考一下自己应该在其中充当什么角色，对我们的投资思路和行为会有很大的帮助。

选择什么样的股票作为跟踪目标？唯一的答案是：股价在今后可能上涨的股票。股价上涨一定是有原因的，找到这个原因，有条件地去选择股票，这也是最简单、最朴素的选股思路。促使股价上涨的原因很多，主要有：业绩的增长，新产品的研发能力、所处行业处于发展期、市场垄断地位，价值被严重低估、资产重组等。这些因素一旦和现实环境发生碰撞，引发共鸣，就很容易形成热点，从而成为市场上的炒作题材。因此，在选股的时候除了对上市公司进行分析研究外，还需对当前和未来社会的经济、政治等因素进行观察和预判。

任何事物的发展都可以用因果定律找到合理的解释，你现在所做的"因"，正是在为以后的"果"做铺垫。儒家讲因果关系，重视对德的修养；佛家讲因果报应，警示远离恶行，提倡善念；道家讲因果规律，强调智慧地利用事物中的因果关系，达到自己的目的；《周易》讲因果渐进，让我们看清自己处于因果发展过程中的什么阶段，从而应该采取什么样的行动才能够促使事物向有利的方向发展。

事物大规律的运行过程中往往充满了小的不规律和随机因素，这又使我们常常感到困惑。对于违背因果关系的现象，佛家只能从前世中寻找答案。儒家老祖孔子在晚年也只能感慨："时也，命也。""普遍性"和"个别性"是自然的存在，人们往往生活在"普遍性"里，常常津津乐道的却是"个别性"。

行为修炼：

坚持做交易记录和交易总结

很多人在网上看了一篇文章或段子都有发评论的冲动，却在交易的时候懒得记下领悟到感受。写出来的感受和只是在脑子里思考过是有区别的。记下的感受会引发你的第二次思考。最好能养成坚持写交易日志或对交易进展做跟踪记录的习惯。手机里的文件管理和备忘录都可以方便地帮你做到。在经常翻看这些交易记录和总结后，再犯相同错误的做法会大大减少。

第十八篇　人生的布局　命运的门槛

行走在漆黑的夜晚，当你为看到远处山顶上的灯塔而欣喜的时候，转个弯却发现灯塔不见啦。而如果你看到的是一颗天上的星星，不管走到哪里，一抬头总会发现它正在向你微笑。常说眼界的范围决定了行走的距离，又何尝不是在行走的路上开阔了眼界的范围？

人的一生，不断在做出各种各样的决定。如果说决定人生命运的关键就在于某一个简单的决定，你会相信吗？譬如一个人在不断地谈恋爱，直到有一天，他决定结婚啦，从此，他的生活开始了根本性的转变。生活每天都在日常的平淡中继续，直到有一天，有意或无意发生的一件事，甚至对你来说是被迫无奈的事，可能当下都没有意识到，结果却让你跨过了命运的门槛，进入了一个新的天地。

《寒窑赋》是北宋大臣吕蒙正的作品。相传此赋是作者为了劝诫太子而创作的。作者以自己从贫苦到富贵的经历，并列举了历史上诸多名人的起伏命运，来说明一种自然循环的人生思想。

《寒窑赋》

盖闻天有不测风云，人有旦夕祸福。

蜈蚣百足，行不如蛇；雄鸡两翼，飞不如鸦。

马有千里之能，非人力不能自往；人有凌云之志，非时运不能自通。

文章盖世，孔子厄于陈邦；武略超群，姜公钓于渭水。

颜渊命短，原非凶恶之徒；盗跖延年，岂是善良之辈？

尧舜圣明，却生不肖之子；瞽鲧愚顽，反有大孝之男。

张良原是布衣，萧何曾为县吏。

晏子无五尺之躯，封为齐国宰相；孔明无缚鸡之力，拜作蜀汉军师。

霸王英雄，难免乌江自刎；汉王柔弱，竟有江山万里。

李广有射虎之威，到老无封；冯唐有安邦之志，一生不遇。

韩信未遇，乞食瓢母，受辱胯下，及至运通，腰系三齐之印；白起受命，统兵百万，坑灭赵卒，一旦时衰，死于阴人之手。

是故人生在世，富贵不能淫，贫贱不能移。

才疏学浅，少年及第登科；满腹经纶，皓首仍居深山。

青楼女子，时来配作夫人；深闺娇娥，运退反为娼妓。

窈窕淑女，却招愚莽之夫；俊秀才郎，反配粗丑之妇。

蛟龙无雨，潜身鱼鳖之中；君子失时，拱手小人之下。

衣敝缊袍，常存礼仪之容；面带忧愁，每抱怀安之量。

时遭不遇，只宜安贫守份；心若不欺，必然扬眉吐气。

初贫君子，已成天然骨骼；乍富小人，不脱贫寒肌体。

有先贫而后富，有老壮而少衰。

天不得时，日月无光；地不得时，草木不生；水不得时，风浪不平；人不得时，利运不通。注福注禄，命里已安排定，富贵谁不欲？人若不依根基八字，岂能为卿为相？

昔居洛阳，日乞僧食，夜宿寒窑。思衣则不能遮其体，思食则不能饱其饥。夏日求瓜，失足矮墙之下；冬日取暖，废襟炉火之中。上人憎，下人厌，人道吾贱也。非吾贱也，此乃时也，运也，命也。

今在朝堂，官至极品，位居三公。鞠躬一人之下，列职万人之上。拥挞百僚之杖，握斩鄙吝之剑。思衣则有绫罗绸缎，思食则有山珍海味。出则有虎将相随，入则有佳人临侧。上人趋，下人美，人道吾贵也。非吾贵也，此乃时也，运也，命也。

嗟呼！人生在世，富贵不可尽恃，贫贱不可尽欺。听由天地循环，周而复始焉。

此文虽有较强的宿命论思想，却也道尽了人生的世态炎凉和命运的变幻莫测。偶然性和必然性的交织，造就了一个个跌宕起伏的人生，演绎出了一场场历史大戏。

既然人的命运无常，人生的道路又充满坎坷，我们是不是只能逆来顺受了？平庸的人只会随波逐流，听天由命。不甘平庸的人会创造条件，想方设法去改变人生。聪明的人会审时度势，提前布局自己的人生。"凡事预则立，不预则废"。面对涨涨跌跌的资本市场，理解"听由天地循环，周而复始焉"的规律，在每次牛熊转换之际，作为参与者应该提前做好计划，布好局，而不是被他人"布在局里"。

韩信面对街头无赖者，选择了从无赖者胯下爬过去，而没有用身上的佩剑刺过去，因为他知道自己的想要的是什么。韩信成功了，"胯下之辱"成了历史美谈。假如韩信在以后的人生中一事无成，历史又会怎样评说呢？我想应该是这样的："从韩信能忍受胯下之辱可以看出，韩信是个没有骨气的胆小怕事的无能之辈，所以，最终一事无成。""胯下之辱"的典故可能就会是个历史笑话。韩信性格中的"能忍"，最终还是为他被诱杀埋下了伏笔，因为他遇上了"够狠"的吕后。什么时候需要"能忍"，什么时候又必须要"够狠"，是一种人生的处世之道。有的股民很能忍，手中股票被套几年甚至十几年都一动不动。资本的力量有时真的够狠，能把一个垃圾股炒上天。

市场的"好"与"坏"都是相对于特定的群体而言的，市场上涨会使得某些群体成为受益者，同样，市场下跌也会让另一群人享受到好处。只有通过双向的博弈和验证，才能真实地反映市场的价值。

一部叫《肖申克的救赎》的电影被称为经典之作。在孤岛监狱中，其他犯人每天在吃饭、睡觉、干活、斗殴、晒太阳、赌香烟、谈女人中消耗着生命。而申肖克和他们不一样的是，十年里，脑海里只有一件事："怎么样逃出去"。为了能逃出去，他想尽了一切办法，利用了一切可利用的资源。所有的准备工作做好后，在一个电闪雷鸣的夜晚，抓住时机，逃了出去。一个人的脑子里在十几年时间里只有一个念头，做成了一件看似天方夜谭的事。由于生存环境的压力和对美好理想的追求而决定的铤而走险，常常会激发出一个人难以想象的潜能。不是整天抱着幻想和常常在深夜里阅读心灵鸡汤的文章就能够成功，是要靠一点一滴的行动，日积月累的坚持。然后就是需要耐心等待那个实现自己目标的时机的出现。

大多数人都能做到不去做违背道德和价值观的事，遵纪守法，良民一个，怀揣梦想，向往成功。甚至在读了一遍成功学鸡汤文章后，马上就会产生一个新的梦想。少数成功的人只是去做了普通人想去做而没有去做的事。二八定律毫无例外地体现在任何领域和行业，勤奋加方法是成功的敲门砖。

刘先生是一家私募基金的合伙人兼投资分析师，虽然头发已经花白，但看上去也就四十多岁的样子。和职场中西装革履的金融精英比起来，穿着很随意，讲话也很随和。三年前在股市暴跌的时候，他管理的两只私募基金被清盘。"那段时间天天到处躲避，不敢面对任何人，包括自己的家人，最难过的时候独自一个人一天可以抽掉三包香烟。"基金经理在市场处于熊市时的压力，说是职业生涯的"生死劫"一点也不过分。"主要是看到有'救市资金'入场救市啦，还是抱有幻想，不然及时出来的话还不亏钱。"他说完后这句话后，叹了一口气，扭头将凝重的目光望向了窗外的天空。股市从5000多点暴跌，当时，社保基金、中金公司包括保险资金的积极入场"救市"，使得市场得以喘息，投资者似乎又看到了希望。但股市只是经过短暂的喘息，又一路跌到 2500 点附近。很多股民从十层楼跳到地上没摔死，没想到一翻身却摔死在了地下室。"当管理的基金被清盘的时候，我知道市场已经没有什么大的风险了，但无济于事，没有人相信你！"刘先生苦笑着说，"投资人争相抢着赎回剩余的本金，都怕来晚了就什么也拿不到了，如同当时购买基金的时候，都怕来晚了就会错过发财的机会一样。"在朋友的帮助下，刘先生度过了人生中最艰难的时刻，现在又重新开始迈上了自己的投资之路。他说："一是放不下，二是不甘心！"人生中的许多道理和经验，或许只有经历过才能有所感悟。

如果没有遇见，就什么也不会发生。命运的神奇就在于，那一刻在茫茫的大千世界里相遇了。不管是人与人之间，还是事物之间，很多影视剧中的情节都是因为一个"一回头的微笑"，男女主人公谈了一场旷世绝恋的爱情，或是身处生意场中的商人因在酒宴上的偶然相识，而改变了财富和命运的轨迹。看似偶然的背后是必然性的选择。生活中对你回头一笑的人数不胜数，你却偏偏中意于这个人。生意场上认识的人形形色色，你却只是和那个人建立了合作关系。一个人的综合素养和日常认知，使得在偶然性的情况下采取了必然性的主动行为，然后，才会发生了后来的故事。

因为在地铁里听到旁边中年男子打电话谈股票的事，细心的王女士记住了对方谈及的股票名称。第二天，王女士就把股票账户里的所有资金买入了那只听来的股票，买进去就涨了，王女士很高兴。过了几天一看，买进的股票却反而跌了将近10%，王女士开始后悔自己的莽撞行为，每当想"割肉"抛掉的时候，就想起地铁里的中年男子在电话里和对方说的话："这可是只好股票啊！放着就别管啦。"王女士心想，给中年男子打电话的一定是和他关系很亲密的人，不可能去欺骗对方吧！于是她也不再纠结了，索性也不去管它啦。两年后，这只股票涨了三倍多。王女士开心地和朋友说："儿子结婚的钱有着落啦！"女人特有的细腻和敏感，让王女士抓住了一次绝佳的赚钱良机。当然，其他人也许认为是她"运气好"。但王女士有两点是值得学习的：一是在买入后发生亏损的时候没有仓皇割肉；二是在不断获利的情况下一直坚定持有，没有在获得小利后就轻易抛售。这就不单单是运气的事啦。

一个朋友在微信上发的朋友圈很有意思："穷人和富人之间就差一轮牛市。"同样，一轮熊市又让多少财富灰飞烟灭。在某种程度上资本市场具有财富再分配的功能，你是否能从中分到一杯羹呢？

性格沉稳、深思熟虑的交易员能够长期默默地持有一只股票；而个性活跃、思维敏捷的交易员则喜欢追逐于短线的涨跌之间。第一种类型的交易员容易发生巨幅亏损也可能会获得丰厚的收益。在第二种类型的交易员身上则不会发生很大的亏损，但也很难获得高额的回报。什么样的性格影响了处理问题的方式和方法。性格缺陷是一个人最难克服的弱点，"金无足赤，人无完人"，因为性格中的某些缺陷，我们可能一次一次地拒绝了命运之手伸来的橄榄枝。

魏晋时期有位大名士叫殷浩，他说，原来以为自己努力奋斗是"与世周旋"，后来才发现，其实人生要解决的根本问题，不是"我与世周旋"，而是"我与我周旋"。战胜自我，严格自律，方是开启命运之门的金钥匙。

行为修炼：

培养一个良好的兴趣爱好

财富并不是人生唯一的追求目标，繁华落尽，一切终将归于平淡。健康的身体和保持快乐的人生状态才是生命中最大的财富。培养一个良好的兴趣爱好会让日常的生活充实而快乐。现代社会激烈的竞争、巨大的心理压力、枯燥的日常生活等都会产生负面的精神情绪，从而导致压抑和忧郁。读书、书法、绘画、下棋、打球、唱歌、跳舞、健身、旅游等，这些爱好可以使我们从日常生活和工作中的压力中释放出来，在享受丰富多彩生活的同时增进亲情、爱情和友情，人生的道路才会越走越宽。

第十九篇　保持敬畏之心

人们总是会给自己的行为从心理上寻找个理由或借口。其实，没有这些理由或借口，你也会去这么做。对于自己喜欢做的事，往往不需要理由。即便是面对很多困难，兴趣和爱好产生的动力也会让你想尽一切办法去解决。但在交易场上，市场可能不会对你个人的兴趣和爱好"买账"。

无论在市场上取得了多么大的成功，始终要保持清醒的认识，时刻提醒自己，并不是因为你的聪明才智战胜了市场，而是市场成就了你。你最聪明的地方就是顺应了市场。成功之后，很容易产生膨胀的心理，自信心倍增。每当这个时候，市场都会及时地警告你一下。如果你忽略这种警告，或因为被警告而产生愤怒和不满，就会受到市场更严厉的惩罚。

在内心里，我们对成功有着近乎苛刻的要求。对于财富而言，今年必须比去年赚更多的钱才算是成功，否则就会被认为没有进步，甚至是失败的。个人如此，上市公司的业绩也如此。竞争激烈的基金行业都有公开的业绩排名，每周甚至每天都在更新数据，这让基金从业人员倍感压力。在压力之下，一些交易员不得不采取激进的操作方法。主动进攻型的操作方法在短期内可以体现出很好的业绩，但需要雄厚的资金做保障。股价越高面临的抛压盘越多，一旦资金方面出了问题或市场整体情况不妙，就会引发"麻烦"的产生。因此即便是资金雄厚的"大资金"，在发动"主动进攻"的时候也需要看市场的"脸色"行事，踏准市场的节奏，讲求战术才能全身而退。在以前的"庄股时代"，明明市场已经步入熊市，庄家却还要一直把股价维持在"高位"死扛，一旦资金链断裂，就会引发股价"雪崩"式的下跌。"君子不立危墙之下"，要审时度势，时刻对市场怀有敬畏之心。

很多基金经理在职业生涯取得辉煌成功的时候选择了急流勇退，这是个明智的决定。著名的基金管理人彼得·林奇和保罗·都铎·琼斯都是在所管理的基金获得很大成功的时候功成身退。不仅获得了财富，还享有了声誉。他们深悉市场周期循环的规律，明白是市场周期中的一轮行情成就了自己辉煌的业绩。在投资市场上，人性的贪婪常常使我们深陷其中，不能自拔，能够"见好就收"需要很大的勇气。

"乾卦"和"坤卦"是《周易》中阳性力量和阴性力量最强大的卦象。乾卦代表积极进取和主动创造的力量元素，而坤卦代表以静制动和以柔克刚的原则和方式。阳性力量赋予我们生存的动力、方向和激情，当阳性力量刚烈地发挥作用时，阴性力量通常以渐进的方式深入事物的内部，在安静与柔顺中发挥作用，使得事物的发展趋于完善。阳性力量一旦脱离了阴性力量的平衡和制约，就会变得偏执、狂傲和任性，离灾祸的发生也就不远了。但一味地妥协忍让，缺乏进取的阳刚力量，只能是在无所事事中颓废消亡。而当灾难发生时，阴性力量包容一切的母性元素在隐忍中积极地发挥作用，为恢复阳性的创造动力提供能量。万物周而复始，阴阳互补，才能在不断的循环中发展前进。

投机是短暂的过程，有时尽管这个过程也会相对漫长。但要明白交易场能够得以长久存在，必然是依靠以价值的衡量为标准，否则迟早将会陷入无序的混乱。即便华尔街的投资客在黑色的夜晚一瞬间把原油期货的价格打压到负的 37 美元，第二天太阳升起的时候，也必须面对现实中原油现货 25 美元/桶报价的价值。价值投资是支撑一切投资行为的理论基础。

市场常常会犯错误，很多金融投机大鳄善于捕捉和利用这样的机会获利，在 2005 年，被誉为日本"新生代股神"的小手川隆赶上了一次很大的机遇，那就是日本证券史乃至世界证券史上都难得一见的错单事件，即日本瑞穗证券"错单事件"。当时，瑞穗证券一名交易员要帮助 J-Com 公司卖掉一股价值 61 万日元的股票，结果这名交易员失误，以 1 日元的价格卖掉了 61 万股 J-Com 的股票。这 61 万已经是该公司已发行股票总额的 42 倍。这个千载难逢的机会被一些机灵的交易员抓住了，小手川隆也在其列，他在 10 分钟之内买入了 7100 股，并在接下来的一天中将股票卖出，在此次事件中，他一共赚了大约 20 亿日元，成了获利最高的个人交易者。

大卫·斯文森被称为美国耶鲁大学的"财神爷"，他是耶鲁大学捐赠基金的投资主管，在他领导下管理的基金在 33 年里资产翻了 22 倍。以下是斯文森分享的成功投资者应该具备的六大特质：

1. 好奇心、求知欲，因为几乎任何事情，任何地点都可以对市场有所影响。极致聪慧，因为你至少要和你的竞争对手一样聪明或更聪明。

2. 自信心，因为当你做出一个买进或卖出的决定时，实际上你是在下注市场走向是错误的。

3. 谦逊，因为有时市场又是正确的。

4. 敬业，因为你在和其他很多同样辛勤工作的人在竞争。

5. 判断力，因为仅仅搜集堆砌事实是不够的，你需要得出正确的结论。

6. 热忱，因为如果你不热爱你现在正在做的事情，你会失败。

投资是整个世界最具魅力的活动之一。成功的投资要求投资者具备广泛的特质和素养。

在学习和实践中，心态会得到潜移默化的修炼。初入股市时和有了十几年炒股经历时的心态是完全不同的。在华尔街交易时间超过 25 年都始终保持成功的股票交易者威廉·欧奈尔说："要取得交易的成功需要具备三个基本条件：有效的交易选择过程、风险控制以及确保做到前两项的交易纪律。"成功者的交易理念和方法异派同源，任何人都可以轻易了解和领会，但是，只有长期的坚持和极度的自律才是最终走向成功的法门。

交易如同人生中的一场修行，真正的修行是"知行合一"的过程。"知行合一"是王阳明"心学"的精髓。寻常人的错误思维，是将知行分开看待。而王阳明指出的真相则是知行本为一体。寻常人以为先知后行，做到就是工夫。王阳明则告诉我们，知与行的合一，既不是以知来吞并行，也不是以行来吞并知，不论你在哪个层次，知行都不曾也不可能分开，而只是有程度和次第的差异。自我的修炼不是从知到行，而是提升知行一体状态的层级和境界。

中国古代哲学家认为，不仅要认知，尤其应当实践，只有把"知"和"行"统一起来，才能称得上"善"。身体力行，知行合一，不可离开亲躬实践而空谈学问，因为知与行本身就是一个整体，只有去实践了，你才能拥有这个知识，不去做，即使你看再多的书，学再多的理论，也无法真正获得这个知识。

每个人的追求不同，对自身以及对社会的欲求不同，选择的生活方式不同，因而眼中的机遇也不同。有人喜爱人世繁华，豪车美酒，有人则独爱远离尘世，粗茶淡饭。适合自己的就是最好的。当你选择进入证券市场，更是选择了心智和人性的较量，在利益面前保持一份清醒和谦卑，多一份对市场的敬畏，才能与市场长期共舞。

资本市场是残酷的，交易场只记得和推崇成功者，失败者注定会被遗忘和抛弃。我们在开头就引用了孔子说的"时也，命也。"但孔夫子他老人家后面紧接着又说"慎始，善终。"不要忘记，三十六计到最后是"走为上"。当你在进入的时候，如果已经想好了如何退出，不管结局对与错，你已经具备了一个合格交易者的基本素质了。

行为修炼：

坚持每天在固定的时间静坐并思考

静坐和打坐是道家提倡的修炼心神的方法。静坐时体内会分泌出一些有益的激素和酶，这些物质有利于身心健康，能把血液的流量和神经细胞的兴奋调节到最佳状态，身心调和了，心宁静下来，思虑自然就清楚了。交易者每天面对纷繁复杂的盘面，脑海里不断接受着各种信息和数据。休息之余，通过静坐或打坐可以让大脑得到充分的休息，在不知不觉中对事物的认知会更加理性，对下一步的思考和决策都有很大的益处。

附录：交易行为修炼汇总

一、如何选股？

通过很多媒体渠道我们经常会看到很多股评。且不说对股评家评论和推荐的股票是否值得关注，首先要学习股票评论员或投资分析师对股票的分析思路和方法。挑选股票一定是有方法的，通过学习专业的分析方法，你就可以按照系统的思路和方法在市场上去研究和选择自己关注的股票。做长线的投资者多了解公司的基本面，做短线的投资者侧重于技术面的分析。无论是基本面还是技术面都可以先从几个核心的指标入手，比如加权净资产收益率、利润增长率、成交量、换手率等，从当下和历史数据的比较中寻找答案。如同在找对象时，有的人注重对方的外貌，有的人看重对方的人品和内在，适合你的就是最好的。在交易中，能赚到钱的方法就是好方法。

二、持有的股票出现亏损应该怎么应对？

买入股票后经常会出现亏损。这时候，首先要调整心态。对已经发生的事物上表现的情绪和态度，都应该是为事物下一步能向好的方向发展做铺垫，而不是让事情越来越糟糕。所以日常生活中尽量控制自己的情绪，不管遇到什么事，先让自己冷静下来。然后对股价走势图形和成交量进行分析，看是否脱离了周期趋势的轨道。如果脱离了股价趋势轨道，往往需要很长时间的调整，短线交易者可果断止损。主力资金在建仓和拉升时，往往需要较长的过程，但"出货"时却会抓住机会在短时间内完成。如果从基本面长期看好对公司未来发展的投资前景，可以逢低在适当的价位补仓，以摊低整体持仓成本。设置客观合理的和适合自己风险匹配的止损位，并能坚决执行，是交易中的必要保障。

三、关注资金流的方向

行情要靠资金的推动，了解资金流的方向非常重要。有经验的投资者会从日常盯盘中观察到资金的流向。股价上涨时成交量放大，回调缩量，是典型的上升趋势。相反，则为下降趋势。如果下跌的时候成交量很大，但接下来股价并不再继续下跌，反而上涨，则可能有资金在逢低吸纳。每个成交量放大的交易日都需要引起关注，分析主力资金是集中流入还是流出对研判后市有很大的帮助。成交量是市场"真金白银"博弈的结果，在各种技术指标中需优先考量。股票的成交量和换手率密不可分，通过对换手率的统计可以很直观地判断股票的活跃性和资金的参与度。

四、交易不顺的时候保持空仓

很多交易者每天都是处于满仓状态，卖掉了一只股票后就又迫不及待地买入另外一只股票。市场处于周期循环是常态，即便是在牛市中也有回调的时候。踏准市场的节奏可以使收益实现最大化。当交易者没能踏准市场的节奏时，很可能会遭受"夹板气"，甚至在一轮牛市中都不会赚到钱。如果感觉交易不顺，适当地保持空仓，先把自己置身于市场之外，冷静观察，等待最佳入场机会的出现。

五、面对市场保持足够的自信

在还没有足够自信的时候最好不要踏入市场。缺乏自信是因为迷茫，迷茫是因为认知上的缺失。交易场上的认知时常超出了大多数人的认知范围。当市场疯狂的时候，同时也是产生超常获利机会或发生巨大的时候。交易中的自信体现在对自己的交易系统的自信，懂得什么时候可以"坚定地持仓"和什么时候需要"坚决地止损"，能够做到这两点的交易者距离成功只是时间早晚的事。自信是一种神奇的力量，是迈向成功的保障。

六、保持专注的精神

在一生当中，在每个阶段可能会遇到很多美好的东西，但只要用心好好把握住其中的一样就足够了。弱水三千，只取一瓢。佛教四大戒"贪、嗔、痴、恨"里把"戒贪"放在了首位，灾祸往往始于贪欲。市场上充满了诱惑的机会，保持足够专注的精神，这也是"唯一心法"交易系统的精髓所在。专注于自己熟悉的股票、专注于自己熟悉的行业、专注于自己熟悉的领域，就可以了解掌握事物运行的规律，即使没有大的成就也不会有大的灾祸。

七、练习在股价走势图上画出压力线、支撑线和趋势线

有经验的交易者通过对价格走势图形的目测，基本就能了解和判断价格的走势情况。严谨的交易者更是把在走势图上趋势线和波段线作为必要的功课来做。通过对股价历史走势中的每个高点或低点进行多种方法的组合连线，可以看清股价的运行轨迹，从而判断股价未来的走向。经典的股价走势图形有：V 型反转、M 头、M 底、矩形震荡和三角形等。初学者可以通过学习，积累经验，逐步掌握在股价走势图上划线的方法和技巧。

八、养成制定交易计划的习惯

交易如同行军作战，没有计划的交易只是在赌运气。最简单的交易计划包括：在什么价位买入、在什么价位获利卖出和在什么价位认赔止损。初学者可以通过模拟交易来制定交易计划，进行模拟操盘训练。养成制定交易计划的习惯可以避免随意交易和过度交易，对交易全程监控，心中有数。

九、坚持对每笔交易做复盘总结

交易计划是事前规划，对交易进行复盘是事后总结。复盘可以对交易进行经验总结，对成功的交易继续坚持，对失败的交易找到原因，吸取教训。同时，复盘可以验证之前制定的交易计划的合理性，对交易计划进行反思，从而完善制定交易计划的方法。

十、短线交易盯盘训练

盯盘是以技术分析为主要交易方法或以短线交易为主的交易者的基本功。依靠基本面选股的交易者则一般不会在意股价短期的波动，更不会去盯盘。盯盘包括盯个股、盯大盘、盯热点等，对自己跟踪关注的个股主要观察涨跌幅度、成交量活跃度、各种技术指标、个股和大盘的涨跌关联度等。专业交易员经过长期的盯盘训练会产生"盘感"，感觉在某个价位跌不下去了，或感觉某个价位上涨乏力，涨不动了，从而指导短线的交易。期货交易波动比较大，有的品种多空转换很快，盯盘训练更是必不可少的功课。

十一、如何进行基本面分析

基本面是指对影响股票市场走势的一些基础性因素。发现投资价值和投资机会，是股票投资基本面分析的目的。基本面分析包括市场整体基本情况分析和个股分析。影响市场整体强弱的宏观经济因素很多，但起决定性的因素是资金面。在社会资源配置中，如果有大量的社会资金持续涌入股市，则会支撑市场持续活跃，股市资金不断流出则会导致市场疲弱。财务指标是对个股基本面分析的基础，常用的分析指标有：每股收益、净资产收益率、市盈率、毛利率、资产负债比率等。特别是净资产收益率指标，从历年的净资产收益率数据分析中可以了解一个公司的基本情况，是上市公司的照妖镜。另外，对公司所处行业的整体发展状况的了解也至关重要。

十二、如何进行技术面分析

股票基本面的分析是解决选股的问题，而对技术面的分析则是解决如何交易的问题。所有的技术面分析要解决两个问题：一是应该在何时买入，二是应该在何时卖出。高抛低吸是在股市中获利的不变真理。衡量股价的高低没有绝对的标准，一只股票在牛市里可能 30 元的股价就是属于低位，而在熊市中 15 元的股价可能就是它的短期顶部。在技术分析时，首先要确定自己的交易周期属性。同样一只股票有的投资者看月线，有的看日线，有的看小时线或分钟线。不同的周期走势得出的分析结果也不同。对交易周期的选择决定了在操作中的个人思路，也直接反映了交易者的心态。有的交易者短线炒成长线，长线炒成股东，都是因为没有对自己的交易周期和股价的波动周期进行合理的定位。

十三、制作收益曲线图

大多数投资者不会对盈亏做详细的记录，或者会认为心里明白赚多少和亏多少就可以了。制作收益曲线图主要是为了和市场的整体走势做比较，如果你的收益曲线图和同期市场走势曲线吻合，说明只是获得了市场平均的投资收益。如果高于市场走势曲线，说明获得了超额的市场回报，说明选股思路和操作方法都比较正确。而低于市场同期走势曲线的收益曲线，则需要从根本上找到原因，总结经验，改善交易方法。

十四、如何寻找热点

中国的文字表述很有意思，把买卖股票叫作"炒股票"。我们知道炒菜需要火，有的菜需要猛火爆炒出来才好吃，有的菜则需要慢火炖才有味道。炒股票的"火"就是热点，市场上的热点可以吸引资金参与的热情，从而使股价不断抬高。热门股票在涨幅榜上有很好的体现，所以，查看涨幅榜中涨幅靠前的股票是否有题材相关联的板块形成。另外，从媒体上也可以了解到市场关注的热点。主力资金拉升一只股票会从涨幅上吸引投资的眼球，也会通过媒体来渲染气氛。但是在媒体大肆渲染热点的时候要保持足够的理性，特别是对涨幅已经很高的股票，毕竟只有那些希望能卖个"好价钱"的商家才会大声地吆喝。

十五、开盘前的准备工作

在开盘前多问自己几个问题。是否有对市场重大影响的事件发生？如果有的话会对市场产生什么样的影响？手中的仓位是否足够安全？如果上涨了该怎么办？如果下跌了该怎么办？人们在慌乱中容易做出错误的行为和判断，优秀的交易员在开盘前就都已经做好了应对的准备工作。"功夫在诗外"，如同武林高手之间的对决，在出手前胜负已定。

十六、避免过度交易

力学的能量守恒定律同样适合于市场交易，市场运行的方向是具有惯性的，在有反作用力的情况下才会发生反转。在一个相对稳定的周期里没必要频繁地改变思路和决策，杯弓蛇影和患得患失的心理作用是造成过度交易的原因。在一个波动范围小的区间里做高抛低吸需要高超的操盘技巧和熟练的应变能力，有时候为了实现利润的最大化，反而常常会为自己的"聪明"买单。

十七、坚持做交易记录和交易总结

很多人在网上看了一篇文章或段子都有发评论的冲动，却懒得在交易的时候记下领悟到感受。写出来的感受和只是在脑子里思考过的想法是有区别的。记下的感受会引发你的第二次思考。最好能养成坚持写交易日志或对交易进展做跟踪记录的习惯。手机里的文件管理和备忘录都可以方便地帮你做到。在经常翻看这些交易记录和总结后，再犯相同错误的做法会大大减少。

十八、培养一个良好的兴趣爱好

财富并不是人生唯一的追求目标，繁华落尽，一切终将归于平淡。健康的身体和保持快乐的人生状态才是生命中最大的财富。培养一个良好的兴趣爱好会让日常的生活充实而快乐。现代社会激烈的竞争、巨大的心理压力、枯燥的日常生活等都会产生负面的精神情绪，从而导致压抑和忧郁。读书、书法、绘画、下棋、打球、唱歌、跳舞、健身、旅游等，这些爱好可以使我们从日常生活和工作中的压力中释放出来，在享受丰富多彩生活的同时增进亲情、爱情和友情，人生的道路才会越走越宽。

十九、坚持每天在固定的时间静坐并思考

静坐是道家提倡的修炼心神的方法之一。静坐时体内会分泌出一些有益的激素和酶，这些物质有利于身心健康，能把血液的流量和神经细胞的兴奋调节到最佳状态，身心调和了，心宁静下来，思虑自然就清楚了。交易者每天面对纷繁复杂的盘面，脑海里不断接受着各种信息和数据。休息之余，通过静坐或打坐可以让大脑得到充分的休息，在不知不觉中对事物的认知会更加理性，对下一步的思考和决策都有很大的益处。